Manifest für Mensch und Erde

Pierre Rabhi

# Manifest für Mensch und Erde

## Für einen Aufstand des Gewissens

Mit einem Vorwort von Nicolas Hulot

Aus dem Französischen
von Nikolaus de Palézieux

Matthes & Seitz Berlin

## Vorfahrt für das Gewissen

Diesem Mann muss man zuhören.

Seine Worte fallen nicht vom Himmel; sie kommen auch nicht aus einer Haltung der Angepasstheit. Sie haben vielmehr das Gewicht eines ungewöhnlichen Lebensweges, sie vereinen die eigene unmittelbare Erfahrung der Wirklichkeit mit dem unerbittlichen Engagement im Dienst seiner Überzeugungen. Pierre Rabhi kommt von weit her, und er schuldet niemandem etwas. Unsere Zeit hat diesem kleinen Mann aus der algerischen Wüste nichts geschenkt, in tausend Jobs hat er sich abgerackert und ist nach Frankreich gekommen, um den steinigen Feldern in der Ardèche den Lebensunterhalt für seine Familie abzutrotzen. Doch Pierre hat nicht aufgegeben. Sein tiefes und einzigartiges Denken gründet sich in seinem persönlichen Lebensweg.

Die vielen oft unvermittelt auftretenden Schwierigkeiten, die er meistern musste, mag man sich kaum vorstellen, und doch meint Pierre, das Leben auf Erden sei ein unverhoffter Schatz. Jeden Tag freut er sich, eine stille Beziehung zu der Welt einzugehen, die ihn umgibt und von der er zuallererst Schönheit und Harmonie wahrnimmt. Das Unbehagen, das doch so tief in unserem heutigen Seelenleben verankert ist, scheint ihn nicht zu erreichen. Er ist glücklich, dass er lebt, weil die Natur ihn verzaubert und er das Leben als überwältigend empfindet. So ist er auch spontan an das Dasein gebunden; an alles, was ist, an alles, was vibriert, pocht oder sich verändert;

seine Kraft und seine Werte bezieht er aus diesem fundamentalen Substrat. Doch aus dieser Muttererde, dieser lebendigen Materie, rührt auch seine Auflehnung her; eine machtvolle und friedvolle Auflehnung, die jede seiner Taten begleitet.

Denn auch wenn Pierre das Leben als Glück empfindet, zeigt er sich doch gleichzeitig zutiefst besorgt, dass der Lebensfaden reißen könnte. Seit langer Zeit schon nimmt er die Anzeichen der möglichen Katastrophe wahr; beobachtet und wiederholt beim Namen genannt hat er das immer massivere Anbrechen einer nie dagewesenen Krise der menschlichen Zivilisation, die sich in der Erschöpfung der Ressourcen, dem Zusammenbruch des natürlichen Gleichgewichts und im Verschwinden des Gewissens zeigt. Das Aufzeigen der Fehler in der Landwirtschaft, die von der edlen Aufgabe, die Menschen zu ernähren, zu einer Logik der Zerstörung der uns nährenden Erde übergegangen ist, gehört zu den stärksten Momenten des vorliegenden Buchs.

Wer würde ihm nicht Recht geben? Jeder, der heute mit offenen Augen durch die Welt geht, gelangt zu dem gleichen Schluss. Das war nicht immer so. Noch vor einigen Jahren waren es nur wenige, die so dachten wie Pierre und denen dabei das Herz schwer wurde. Man mokierte sich über ihre Schwarzmalerei, ihre unablässige Warnung vor der Gefahr. Leider haben er und die Umweltschützer recht behalten! Heute ist die Menschheit an dem Punkt angelangt, an dem sie sich das Genick bricht. Das Zusammentreffen der sich zunehmend und hoffnungslos verschlimmernden Krisen – Energiekrise, Klimakrise, Ernährungskrise, Krise alles Lebendigen – führt geradewegs in eine planetarische Krise und eine weltweite wirtschaftliche Rezession, deren Auswirkungen unvorhersehbar sind.

Nichts ist also dringender als die gewaltige Anstrengung eines Perspektivwechsels. Verändern, »damit wir nicht untergehen«, sagt Pierre. Doch was er vorschlägt, geht über die üblichen wirtschaftlichen und gesellschaftlichen Reformen weit hinaus. Pierre appelliert an unser aller Gewissen, auf dass wir uns »des Unbewussten bewusst« werden und an seiner Veränderung mitwirken, außerhalb der Finten unseres Willens zur Macht und unseres Herrschaftstriebs. Denn Pierre weiß, und ich bin überzeugt er hat Recht: Es kommt auf jeden Einzelnen an. Ohne die Werte der Nüchternheit und des Maßhaltens, ohne Verantwortungsbewusstsein, ohne eine Revolution des Geistes; kurz: ohne die innere Verwandlung des Einzelnen wird die Verwandlung der Welt scheitern. »Der Mensch ist sich selbst das Hindernis auf dem Weg zur Befreiung«, schreibt er. Ohne Zweifel gibt es noch viele weitere Hindernisse – politische, wirtschaftliche, philosophische, religiöse –, doch das Hindernis, das in jedem von uns steckt, ist das größte.

Ich glaube wie Pierre, dass der »Aufstand« des individuellen Gewissens gegen alles, was dem Leben fremd ist und die Lebenswelt zerstört, eine notwendige Bedingung dafür ist, dass die Menschheit dem Schlimmsten entgeht und gleichzeitig die Grundlagen für eine neue Zeit mit einem besseren Leben legt. Möge dieses Buch dazu beitragen.

**Nicolas Hulot**
Präsident der *Stiftung Nicolas Hulot*
*für die Natur und den Menschen,*
stellvertretender Premierminister und
Umweltminister Frankreichs

Jenseits von Kategorien, Nationalismen, Ideologien, politischen Spaltungen und all dem, was die uns allen gemeinsame Realität zerstückelt, rufe ich heute zum Aufstand und zum Schulterschluss unserer Gewissen auf, um die besten Kräfte der Menschheit zu bündeln – und sich dem Schlimmsten entgegenzustemmen.

Das scheint mir angesichts des Ausmaßes der Bedrohung, der unser aller Schicksal ausgesetzt ist und die im Wesentlichen unseren gewaltigen Übertretungen geschuldet ist, notwendiger denn je.

Mit »Gewissen« meine ich jenen intimen Ort, an dem jeder Mensch in aller Freiheit das Ausmaß seiner Verantwortung gegenüber dem Leben ermessen und sein Handeln so ausrichten kann, wie es ihm von einer wahrhaftigen Ethik des Lebens eingegeben wird – ein Handeln für sich selbst, für seine Mitmenschen, für die Natur und für die zukünftigen Generationen.

## Präambel

Seit mehr als vierzig Jahren habe ich mein Leben damit verbracht, an der Versöhnung der menschlichen Geschichte mit den seit je gültigen Geboten der Natur mitzuwirken. Diese Versöhnung erweist sich mehr denn je als unerlässlich für das Überleben unserer Art.

Die Sorge darum, stets zu tun, was ich sage, und zu sagen, was ich tue, hat mich in Wort und Schrift dazu gebracht, auf verschiedensten Wegen einer Weltsicht zu dienen, die ich als gerecht empfand. Dabei habe ich, ohne allerdings danach zu streben, die Aufmerksamkeit einer immer größeren Öffentlichkeit erregt und immer mehr Zustimmung für meine paradoxe und radikale ökologische Botschaft erfahren. Noch heute bahne ich mir den Weg durch die komplizierte gegenwärtige Gesellschaft, damit die Werte, die mich beseelen, nicht durch die rasende Entwicklung einer orientierungslosen Gesellschaft hinweggeschwemmt werden.

Antoine de Saint-Exupéry sagt: »Schreiben ist eine Konsequenz.« Und genauso habe ich das auch immer gesehen. Meine Vorgehensweise sowie der Blick, den ich auf die Erde und meine Mitmenschen werfe, werden durch meinen persönlichen Werdegang anschaulich. Aber die Werte, um die es in diesem *Manifest* geht, transzendieren meine Person. Die vorliegende Schrift soll daher einzig unter Beweis stellen, dass die augenblickliche Welt, die wir so unbefriedigend errichtet haben, eine andere sein kann, sofern wir das aus voller Überzeugung und mit tatkräftiger Inbrunst auch wollen. Im Jahre 1984 habe ich ein Buch veröffentlicht mit dem Titel *Du Sahara aux Cévennes – Von der Sahara in die Cevennen*, in dem ich detailliert meinen Weg beschrieb, vor dem Hintergrund einer spirituellen

Suche, die sich von aller Identität oder Zugehörigkeit frei gemacht hatte, um sich von der Schönheit des Lebens verzücken zu lassen. Die Aufnahme, die die Öffentlichkeit diesem Werk bereitete, hat die Überzeugungskraft eines Standpunktes verdeutlicht, der nur durch das Zeugnis, das ich hier ablege, erläutert werden kann. Ich habe nie irgendeine Lehrbefugnis besessen. Ich habe keiner Disziplin angehört, keiner Autorität verleihenden Institution oder sonstigen offiziellen Einrichtung. Daher ist dieses *Manifest* eine Synthese meines persönlichen Engagements.

Heute bin ich davon überzeugt, dass das Überleben der Menschheit nur durch die Integration zweier fundamentaler Begriffe gewährleistet werden kann: die Achtung vor der Erde – als dem Planeten, dem wir das Leben verdanken und von dem wir uns nicht trennen können (wie auch vor der Erde als unserer Ernährerin); die Heraufkunft eines weltweiten Humanismus, denn einzig ein solcher Humanismus kann der Geschichte der Menschheit einen Sinn verleihen.

# Erster Teil

# Die Erde

*Der Planet gehört uns nicht, wir gehören ihm.*
*Wir vergehen, er bleibt.*

## Auf dem Wege
## zu einem weltweiten Ernährungstsunami

Mein ganzes Leben lang habe ich meine Energie darauf verwendet, vor der weltweiten Ernährungstragödie zu warnen, die ich aufkommen sah. Parallel dazu habe ich angefangen, zunächst für mich selbst, danach für die ärmsten Bauern, Techniken zu entwickeln, die es der Bevölkerung ermöglichen sollten, die Möglichkeit der Selbstversorgung wieder aufzugreifen, unabhängig von ihrem jeweiligen Lebensumfeld. Leider werden heute alle meine Vorhersagen durch die aktuelle Entwicklung bestätigt, und wie wir gemeinsam mit anderen Pionieren der biologischen Landwirtschaft vorausgesehen haben, erweist sich die ökologische Landwirtschaft als die einzige und unumgängliche Alternative. Es schien mir in diesem Kapitel deshalb nicht nur wesentlich, eine Gesamtschau auf die Katastrophe zu geben, die uns droht, sondern auch auf die Lösungen hinzuweisen, die wir ihr entgegensetzen können; all dies im Lichte von vierzig Jahren Erfahrung und Beobachtung.

**Die Welt steht im Schatten
kommender Hungerkrisen –
der Westen bleibt davon nicht ausgenommen.**

Die Ernährungskrise steht vor der Tür und sorgt bereits für erste Verheerungen. Die Aufstände, vor allem die zu Beginn des Jahres 2008 auf Haiti, in Kamerun, Mexiko, Ägypten und Burkina Faso, beweisen dies. Die Liste der betroffenen Länder ist lang und tragisch. Die FAO (Ernährungs- und Landwirtschaftsorganisation der Vereinten Nationen) hat circa dreißig Länder benannt, für die das Ansteigen der Nahrungsmittelpreise katastrophale Auswirkungen hat. Bei fast einem Drittel der Länder, die von der Krise betroffen sind, kommen zu dieser Ernährungsnot noch politische und Sicherheitsprobleme wie etwa Bürgerkriege hinzu. Denn für jede Erhöhung der Preise für Grundnahrungsmittel um ein Prozent gelangen – wie es die Daten des FIDA (Internationaler Fonds für landwirtschaftliche Entwicklung) ausweisen – weitere 16 Millionen Menschen in Ernährungsschieflage. Von heute an bis 2025 könnten 1,2 Milliarden Menschen chronisch an Hunger leiden, d.h. 600 Millionen mehr, als es frühere Annahmen verkündet haben.

Die sogenannten entwickelten Länder werden dabei keinesfalls von der drohenden Nahrungsmittelknappheit verschont. Das können sich heute nur wenige unserer Mitbürger vorstellen, die an den Überfluss einer immer mehr gepanschten und vergifteten Nahrung gewöhnt sind, die schließlich im Mülleimer landet. Die Sicherheit, niemals Mangel zu leiden, wiegt die einzig um den Klimawandel besorgten Menschen in den Schlaf: Wenn der Hochsommer endlich da ist und die Großbrände ausbrechen, ist jedes Jahr erneut die Rede von Gluthitze, Trockenheit, Waldbränden und Wasserknappheit. Sobald die Menschen aus den Ferien in die Städte zu ihrer Arbeit zurückkehren, verstummen diese Reden und alles dreht sich um Überschwemmungen und die eventuelle Strenge des Winters. Doch diese Probleme wirken geradezu lächerlich gering angesichts der Warnsignale eines weltweiten Mangels. Und sämtliche Parameter, die dieses Problem betreffen, sind schon seit Jahren negativ. Zusammengenommen werden sie mittel- und langfristig sehr schwierige Zeiten aufkommen lassen. Und falls keine Entscheidungen gefällt werden, um dieser Entwicklung Einhalt zu gebieten, wird die Welt noch mehr an Hunger leiden. Diese Problematik, die größte von allen, muss dringend angesprochen werden. Zu wenige unserer Mitbürger sind sich der Erde und ihrer Funktionsweisen bewusst. Zu den Faktoren, deren gemeinsames Auftreten uns in diese Situation gebracht haben, gehören insbesondere:

—— die Erosion der Böden durch Wasser, Wind, Entwaldung und unüberlegte landwirtschaftliche Techniken, die die Böden zusammenpressen, devitalisieren und vergiften, mit einem Maschinenpark, der immer schwerer und damit zerstörerischer wird.

—— die immer schneller voranschreitende Versalzung der Böden überall auf dem Planeten.

—— die Zerstörung der natürlichen Stoffwechsel der bebaubaren Böden durch die Agrochemie, mit Konsequenzen, die sich unmittelbar einstellen: Vergiftung der Gewässer und der natürlichen Umgebung mit unmittelbaren Auswirkungen auf die öffentliche Gesundheit.

—— der unglaubliche Verlust der Vielfalt von Flora und Fauna (der Wildtiere wie auch der Haustiere), jenem 10 000 bis 12 000 Jahre unversehrt weitergegebenen elementaren Erbe der Menschheit, eine fabelhafte Zeit der landwirtschaftlichen Arbeit.

—— die unwissend vorgenommenen genetischen Veränderungen, die Patentierung und Privatisierung des Lebendigen, was die Völker ihres jahrtausendealten Erbes beraubt, um sie von nicht reproduzierbarem Saatgut abhängig zu machen, dessen negative Folgen für Gesundheit und Umwelt durch streng wissenschaftliche Tests bewiesen wurden. (Man lese zu diesem Thema vor allem die sorgfältig dokumentierte Studie von Marie-Dominique Robin: *Mit Gift und Genen. Wie der Biotech-Konzern Monsanto unsere Welt verändert*.)

—— die Eliminierung der Bauern, die auf der Erde insgesamt für eine abwechslungsreiche Nahrung gesorgt haben; statt ihrer haben wir nun Makrostrukturen in der Produktion, mit ständigen Transformationsprozessen und unendlich weiten Transportwegen, was die Abhängigkeit der Bevölkerung von einem zufallsbedingten und willkürlichen System beträchtlich vergrößert hat. Schon die kleinste Störung in der Transportkette oder der Produktion hat heute unmittelbare Einbußen bei den Vorräten zur Folge, deren Anlage dem Prinzip des »Just in time« und nicht dem der Vorsorge an Lebensmitteln gehorcht.

—— der »Biotreibstoff«-Wahnsinn, der drauf und dran ist, aus der nährenden Erde, deren wunderbare Macht darin besteht, der Menschheit die Nahrung zu liefern, eine bloße Lieferantin von Brennstoff zu machen, um den Mobilitätswahn um jeden Preis aufrechtzuerhalten. Im Übrigen haben die Verknappung und der hohe Preis des Benzins einen fatalen Einfluss auf die Produktion und schädigen vor allem die Landwirtschaft der Dritten Welt. Man muss sich nur die Gleichung anschauen: Drei Tonnen

Erdöl werden gebraucht, damit man eine Tonne Dünger erhält.

—— der zu hohe Konsum tierischen Proteins nach dem Verhältnis: zwölf pflanzliche Proteine auf ein tierisches Protein. Gemäß der FAO werden heute dreißig Prozent des bebaubaren Ackerbodens der Welt für Tiernahrung genutzt, zum großen Teil für europäisches und amerikanisches Vieh, wodurch große Teile der hungernden Bevölkerung von verfügbaren Ackerflächen abgeschnitten werden. Zudem gilt – welche Ernährung auch immer gewählt wird (vegetarisch oder nicht): Die Lebensumstände, die den Tieren zugemutet werden, die als Maschinen zur Protein-Produktion gelten, sind wahrhaft unerträglich. Sie sind einer Gesellschaft unwürdig, die sich als entwickelt begreift. Erfahrungen mit Tieren, die in frischer Luft und auf frischem Gras groß geworden sind, haben ganz klar und für jeden ersichtlich gezeigt, dass auf diese Art tierisches Protein von weit höherer Qualität produziert wird.

—— die Vernichtung der Bienen, denen wir dieses wunderbare Produkt verdanken, Honig genannt, doch vor allem auch dreißig Prozent unserer Nahrung durch ihre Bestäubung.

—— der Klimawandel, der zu den genannten Parametern hinzutritt, der zum großen Teil umkehrbar ist, sofern wir nur den Willen dazu haben. Weitere unvorhersehbare Faktoren kommen hinzu, auf die die Menschheit keinerlei Einfluss hat. Phänomene wie ausgeprägte Trockenheit, Überschwemmung, anormaler Anstieg oder Absenkung von Temperaturen sind bereits zu verzeichnen. Und es ist kein Aberglaube, wenn man davon ausgeht, dass dies ein verheerendes Ausmaß annehmen und bewirken kann, dass all unser Tun keine Zukunft mehr haben wird. Wir sind nämlich in eine Zeit eingetreten, da angesichts der Planungen des Menschen die Natur selbst entscheiden und Grenzen setzen wird. Denn im Gegensatz zu einer Illusion, die einzig aufrechterhalten wird, um uns zu beruhigen, beherrschen wir die Natur keineswegs. Diese Augenfälligkeit zu begreifen und zu integrieren, wäre ein Beweis für Realismus, Hellsichtigkeit und Intelligenz.

## Die Tragödie der Nahrungsnot:
## Ein schändliches Versagen, das uns schwächt und zu Sklaven macht

Vielleicht ist es der Zustand einer durch ihre Zusammenhanglosigkeit angegriffenen Welt, der je nach Umstand Wut oder Mitgefühl auslöst. Die Welt kennt eigentlich nur die Haltung der bedingungslosen Anbetung des sogenannten Goldenen Kalbes, das unerbittlich, glitzernd und kalt triumphierend das Maul aufreißt; es steckt tief in der Seele und dem Herzen der Menschen. Der Glaube ist illusorisch, dass das Geld der Vernunft gehorcht; was wir Ökonomie nennen, ist nichts anderes als ein permanentes materielles Verlangen, das nie befriedigt wird. Und die Politik bietet nur ein trauriges Schauspiel vorübergehender Akteure. Sie gestikulieren und füllen eine Zeit aus, die niemals vergeht, während wir durchaus vergehen. Von dieser Atmosphäre wie auch von der Furcht vor klimatischen Störungen betroffen, haben nur wenige Menschen ein Bewusstsein entwickelt für die gravierenden Bedrohungen durch Mangel und Hungersnot, die sich unmerklich auftürmen. Für eine immer größer werdende Zahl unserer Mitmenschen auf dem Planeten ist die Nahrungsknappheit bereits eine Katastrophe, die sie täglich herausfordert und zerstört. Und diese Tragödie stellt ein gravierendes Versäumnis dar, das einzig dem fehlenden Bewusstsein der Menschheit und nicht dem Mangel an Ressourcen zuzuschreiben ist.

Immer wieder kommt mir das Bild einer Frau ins Gedächtnis, deren blutleeres Gesicht mit Lumpen bedeckt ist; sie hockt im Staub der Sahelzone, die selber im Todeskampf liegt. Die Frau schaut, ohne mit ihren fiebrigen Augen etwas zu erkennen. An ihrer trockenen, platten Brust liegt ein schwächliches Kind, das die Augen geschlossen hat, ein fast unwirklich winziges Skelett. Wie ein kleiner Vogel, der aus dem Nest gefallen ist, öffnet es von Zeit zu Zeit seinen kleinen Mund, um zu klagen, was es aber nicht kann; es atmet nur ab und zu und erhält sich so am Leben, das indes immer ungewisser wird.

## Täglich sterben Menschen den Hungertod, für sie ist jeder Tag zu spät

Ich habe viele Mütter in der Steppe umherirren sehen, die auf der Suche nach ein paar stacheligen, störrischen Grashalmen waren, die erst stundenlang geschlagen werden müssen, um daraus Manna zu gewinnen, das einen überleben lässt. Die Frauen sind erschöpft von der harten Arbeit, ihre Kinder dem Tod zu entreißen. Diese Mühen, die sie bis an ihre äußersten Grenzen bringen, lassen im Allgemeinen gleichwohl nur ein Aufschieben des Todes zu, der jeden Augenblick droht und nur zu oft am Ende triumphiert. So weiß man nicht mehr, ob das Erlöschen des Lebens nicht eher eine Wohltat denn tragisch ist, da es einem langen und grausamen Todeskampf ein Ende setzt. Doch der Tod von Kindern bekümmert uns immer, anders als der von Alten. Denn er entspricht nicht der Ordnung des Lebens. Er scheint ein unantastbares Prinzip zu überschreiten.

Man sagt, es sei niemals zu spät zum Handeln, doch für die 15000 oder 20000 Kinder, die tagtäglich hungers sterben, ist es täglich zu spät. Dies müsste einen gewaltigen Aufstand des Gewissens hervorrufen, gefolgt von Taten, die einen schlechten Zustand beenden, der umso schlimmer ist, als die Hungersnot das Ergebnis einer programmierten Strategie ist, oft noch verschärft durch landesinnere Kriege und Trockenheit.

**Nichts kann Hunger rechtfertigen:**
**Der Planet hat genügend Ressourcen,**
**um die Bedürfnisse seiner Kinder zu befriedigen**

Und so stecken wir mitten in einem Dilemma: Die zu große Vermehrung der Menschen ist unter derart unsicheren Bedingungen sicherlich nicht wünschenswert, und doch hält der Planet Ressourcen im Überfluss bereit, um die Bedürfnisse all seiner Kinder zu befriedigen. Wobei jedes rationale Handeln in diesem Bereich allerdings durch die Subjektivität gefährdet wird, durch Triebe, Gefühle, Begehren und Hoffnungen, durch Erwartungen und Ängste, die unsere Menschlichkeit ausmachen und zugleich entstellen. Den Menschen scheint Grausamkeit eigen; sie erweisen sich als unfähig zu teilen und gerecht zu sein. Die Unersättlichkeit einiger schadet den Allermeisten und die Staaten ergehen sich in schuldhafter Komplizenschaft untereinander, sie wollen oder können ihre Bevölkerung nicht vor der programmierten Armut schützen und sind zudem oft von Korruption betroffen.

Wir wissen, wozu die internationale Gemeinschaft fähig ist, wenn es um Aufrüstung geht, um unnötige Heldentaten, um kostspielige Vergnügen, um Plünderung oder Krieg. Vor diesem Hintergrund ist jede Hungersnot unerträglich. Zu dem ohnehin schon unerträglichen Leid tritt für den, der an Hunger leidet, noch eine tiefe moralische und psychische Regression hinzu. Der tierische Überlebensinstinkt wird stärker, die Nahrung wird zur Obsession, die keinem anderen Gedanken Raum lässt. Da die Gewalt seit Urzeiten nichts anderes als Gewalt zeitigt, brauchen wir nunmehr, als Gegenmittel zur Hungersnot, die Kraft des lebenserhaltenden Humus, der zugleich Symbol und Stoff ist, und dessen Fähigkeit, den Boden so fruchtbar wie nur möglich zu machen, längst hinlänglich unter Beweis gestellt wurde.

Daher rührt meine gegenwärtige Obsession, die Techniken der ökologischen Landwirtschaft zu propagieren, deren Wirksamkeit und Wohltat durch die ärmsten Bauern längst bestätigt wurden.

### Die absurde Logik der modernen Landwirtschaft, ihre Verwüstungen und Verirrungen

Man muss vernünftigerweise das infrage stellen, was uns in eine derart dramatische Lage gebracht hat, da doch der Fortschritt der industriellen Landwirtschaft uns seit dreißig oder vierzig Jahren verspricht, dem Hunger in der Welt ein Ende zu bereiten. Doch was waren die tatsächlichen Folgen dieser nie dagewesenen Wendung innerhalb der jahrtausendealten Geschichte des Ackerbaus?

Zusammen mit den großen Umwälzungen der heutigen Welt hat auch die Landwirtschaft offenkundig beträchtliche Veränderungen erfahren, zunächst im Okzident, wobei die industrielle Umwandlung der Gesellschaft recht schnell die räumliche Verteilung der Bevölkerung verändert hat. Die Industriezentren haben zunächst das bäuerliche Handwerk als Arbeitsmacht trockengelegt, zugunsten der Ausbeutung von Erz für die Hochöfen oder der Fließbandarbeit. Es war dies der Auftakt zu einem Prozess, der immer umfassender werden sollte. Wichtig wurde die Kenntnis, wie man große Menschenmassen, die nicht mehr auf ihrem ursprünglichen Boden lebten, mit weniger zahlreichen Landwirten ernähren kann.

Um die Veränderung innerhalb der Landwirtschaft, vor allem in Europa zu erklären, werden oft die Arbeiten des deutschen Chemikers Justus von Liebig angeführt, dem Erfinder des Bouillonwürfels aus Fleischkonzentrat, »Liebigs Fleischextrakt«. Um die Produktivität der Landwirtschaft zu erhöhen, musste er die Mechanismen der Bodenfruchtbarkeit begreifen. Liebig wählte dafür den Weg der direktesten Untersuchung: Verbrennen von Pflanzen und Analyse der Asche, um die Substanzen zu finden, aus denen sie besteht (Substanzen, die eigentlich zuvor von den Pflanzen dem Boden entnommen wurden). Liebig meinte, dass diese Entnahme die Bodenfruchtbarkeit verringere und letztere daher notwendig wiederhergestellt werden müsse. Die Analyse der Asche brachte eine bestimmte Anzahl von Nährstoffen zutage, darunter drei wichtige Elemente: Nitrat, Phosphor,

Kalium (die berühmte Formel NPK), wozu noch das Kalzium tritt. Nach Liebigs Logik reichte es aus, diese Substanzen in die Erde wieder einzubringen, um das Gleichgewicht wiederherzustellen, das durch die vorherige Entnahme zerstört wurde. Diese Theorie hatte das Prinzip des Ersatzes der Mineralien durch Dünger zur Folge: durch Kunstdünger. Nitrat und Phosphor waren bis dahin im großen Maßstab für den militärischen Gebrauch produziert worden, und es scheint, dass erst Liebigs Arbeit diese Stoffe nun für die Landwirtschaft zur Verfügung stellte.

Seit den ersten Anwendungen bewiesen die chemischen Dünger ihre Fähigkeit, die landwirtschaftliche Produktion wirksam zu erhöhen. Dies war der erste wichtige Beitrag der Industrie zur Landwirtschaft; ihm sollte der Einsatz mechanischer Hilfsmittel folgen, die ursprünglich im Wesentlichen von Tieren gezogen und erst danach selbstfahrend wurden. Mit der chemischen Industrie wird der landwirtschaftliche Maschinenbetrieb zu einem vollständigen Technologiesektor, der dem Landwirt ermöglicht, der Landwirtschaft eine von der Industrie gewollte Ausrichtung zu geben. Der chemische Dünger, leicht löslich angeboten, um von den Pflanzen leichter und schneller aufgenommen zu werden, hat wiederum eine fortschreitende Verarmung der Mikroelemente zur Folge, da der Boden eher als ein simples Substrat denn als lebendiger Organismus begriffen wird.

## Die tragische ökonomische, ökologische und soziale Bilanz der industriellen Landwirtschaft

Unter diesen Umständen weicht der traditionelle Bauer auf seiner Scholle mit den von Tieren gezogenen Karren dem Landwirt, der immer mehr Menschen ernähren kann und mit Maschinen arbeitet, mit Dünger, Pestiziden und ausgewähltem Saatgut. Das Pferd weicht der dampfbetriebenen Pferdestärke. Die Landschaft, die aus dem jahrhundertelang gewachsenen Prinzip des Gleichgewichts von Ackerbau, Waldbau und Viehhaltung hervorgegangen war, wird nach und nach dem Maschinenpark angepasst. Mit dieser Produktionshaltung werden Hecken und Baumgruppen entfernt und die Felder zu riesigen Kahlflächen, auf denen eine zugleich intensive wie extensive Monokultur betrieben wird. Was man als Flurbereinigung bezeichnet, ist in Wahrheit eine Zergliederung oder Zerstörung von Strukturen, die einst nach menschlichem Maß angelegt waren. Während die Industrie einen unerhörten Aufschwung erlebt, wird die Landwirtschaft mobilisiert, um die Mängel zu beseitigen, die der letzte Krieg verursacht hat. Von Produktionssubventionierungen stimuliert steigt die Produktivität immer weiter an. Die landwirtschaftlichen Strukturen werden dem Wettbewerb ausgesetzt, die kleinsten Betriebe können sich immer weniger der Konkurrenz stellen, trotz der Garantien eines durch Verträge abgesicherten Marktes. Die Landwirtschaft verfügt am Ende über pflanzliche Proteine im Überfluss, aber diese Situation läuft Gefahr, einer nicht mehr landwirtschaftlichen, sondern industriellen Produktivität Grenzen zu setzen und damit auch den finanziellen Profit zu beschränken. Um der Expansion also neue Wege zu eröffnen, muss ein neues Ernährungsverhalten stimuliert werden, ein weiteres Symbol für Wohlstand.

## Vom Brötchen zum Beefsteak: Eine höllische Fabrik für tierische Proteine

Vermutlich von der amerikanischen Kultur beeinflusst, gehen wir nunmehr von der Notwendigkeit, unsere Brötchen zu verdienen, dazu über, unser Beefsteak zu verdienen. Durch Umwandlung von zehn bis zwölf pflanzlichen Proteinen kann man ein tierisches Protein in Gestalt von Fleisch, Butter, Eiern oder Käse erhalten. Zehn Kilo Getreide muss man einem Rind geben, um ein Kilo Fleisch zu gewinnen. Diese kostspielige Rechnung wird von einer kalten Vernunft begleitet: Wie kann man ein Maximum an tierischem Protein bei einem Minimum an Zeit und Raum erhalten? Die Antwort findet sich im System »Weg vom Boden«. Das Tier wird nicht mehr als lebendige und empfindsame Kreatur wahrgenommen, sondern als eine Masse bzw. eine Protein-Fabrik, die durch konzentrierte Nahrung zur Produktivität gebracht wird. Das Rind, bekanntlich ein Pflanzenfresser und Wiederkäuer, hat man wahrhaft wahnsinnig gemacht durch eine Nahrung auf Fleischbasis. Diese Apotheose des Absurden ist wissenschaftlich begründet und stellt ein Glanzstück an Ignoranz oder Zynismus dar, im Dienste der Habgier.

Die Erschütterung durch den Rinderwahnsinn hat immerhin die gleichsam allgemeine Gleichgültigkeit und Ruhe gestört sowie ein Nachdenken über nachweisliche Schädigungen durch Ernährung aufkommen lassen, wie es zuvor jahrzehntelang und vergeblich von Therapeuten und Forschern angemahnt worden war. Der normale Bürger hat endlich gelernt, dass seine Nahrung gesundheitsschädlich und sogar tödlich sein kann.

## Von der interaktiven Vielfalt zur Spezialisierung

Aus all dem entsteht offenkundig Leiden, doch die Besessenheit vom wirtschaftlichen Ergebnis überwiegt jede andere Betrachtungsweise. Die Tierproteinfabriken werden immer zahlreicher und brauchen noch dazu die pflanzlichen Proteine der Dritten Welt, die weniger kosten. Die Überschüsse an tierischem Protein nehmen solche Proportionen an, dass man sie wegwerfen oder lagern muss. Dadurch muss man künstlich den Rückgang des Verdienstes der Viehzüchter korrigieren – eine Folge des Überangebots –, indem an die Ressourcen der Bürger appelliert wird. Es muss nämlich jede Schädigung der Produzenten vermieden werden, die immer weiter produzieren sollen und durch Subventionen am Tropf der Nation hängen. Unbarmherzig geht das Wachstum weiter. Die Mais-, Weizen-, Gerste- und Sonnenblumenwüsten werden immer größer und verwandeln die Landschaft in ein gigantisches Schachbrett, wo der fabrikmäßig den Boden bearbeitende Landwirt einsam in die Kabine seines Traktors verbannt ist (eines Traktors, den man zusehends mit dem neuesten technischen Spielzeug ausstattet, damit die Langeweile besiegt wird, die durch die Leere und Banalität einer Erde bewirkt wird, die ein unpersönliches Substrat ist, das weder Sprache noch Leben noch

Schönheit aufweist). Die Bauernhöfe mit Mischkultur und organischer Aufzucht, die integrierte Systeme darstellen und auf interaktiver Vielfalt beruhen, weichen der Spezialisierung: Getreidelandwirt, Viehzüchter, Obstbauer, Blumenhändler, Gemüsebauer ...

## Die sogenannte moderne Landwirtschaft kann nicht produzieren, ohne zu zerstören

Angetrieben vom Prozess und den Mechanismen der Marktgesetze und des grenzenlosen Profits kann die sogenannte moderne Landwirtschaft, wie wir erfahren haben, nicht produzieren, ohne zu zerstören. Und es ist außerdem undenkbar, dass eine Aktivität, deren Energiefluss die Verbrennung von zwölf Erdölkalorien benötigt, um eine einzige Lebensmittelkalorie zu erhalten, unendlich fortgesetzt werden kann. Die Verknappung und der hohe Preis des Erdöls tragen, wie ich bereits betont habe, durch ihren Einfluss auf die Produktionskosten zur Verschlimmerung der Nahrungsmittelknappheit bei. Zum Großteil verdankt das »Landwirtschaftswunder« seine Exzesse und seine extravaganten Überschüsse wie schon anlässlich der »Trente Glorieuses«, der dreißig glorreichen Nachkriegsjahre, den billigen Rohstoffen aus der Dritten Welt. Wie überhaupt derartige Überschüsse nur im Rahmen künstlicher Subventionen denkbar sind, womit von einer tatsächlich funktionierenden Ökonomie gar keine Rede sein kann. Die industrielle Landwirtschaft hat wohl ihre Mission erfüllt, indem sie hauptsächlich die westliche Bevölkerung ernährt; sie hat aber nicht wirklich die Unterernährung und den Hunger aus der Welt geschaffen. Beide Phänomene haben sich sogar durch die Überproduktion verschlimmert, die jetzt auch die schutzbedürftigsten Märkte erobert hat.

## Die westliche Landwirtschaft ist eine der Hauptursachen der Hungersnot

Für die Bauern selbst gibt es wenige menschliche Aktivitäten, die derart viel Widersinn auf sich vereinen und so viel Not bewirken wie diese »moderne« Landwirtschaft. Allen menschlichen Schwächen zum Trotz war der durch die unantastbaren und zuweilen sehr unerbittlichen Gesetze der Natur geprägte Bauernstand einst sehr tapfer. Die Bauern haben von der Natur den gesunden Menschenverstand, die Ausdauer und den Arbeitsrhythmus gelernt. Sie mussten außerdem einen großen Tribut entrichten in den Wirren einer Ideologie, die ihnen keinen Raum mehr ließ. Diese Ideologie hatte aus ihrer Arbeit, im Norden wie im Süden, gewaltigen Profit geschlagen, der nun an eine wesentlich städtische Minderheit umverteilt wurde.

Die natürliche Umgebung kommt gleichfalls nicht mehr unbeschadet aus dieser Geschichte heraus. Die Pestizide und chemischen Hilfsmittel vergiften heute die Böden und das Grundwasser. Die durch die Pestizide verursachte Sterblichkeit ist in der Dritten Welt beträchtlich und stellt einen der großen Skandale unserer Zeit dar [vgl. dazu das Werk von Fabrice Nicolino, *Les pesticides, un scandale français*]. Unterdessen hat der Bauer, sämtlichen Indoktrinierungen der Werbebranche erlegen, das traditionelle Saatgut der Vorfahren vernachlässigt, das an den

Boden angepasst und reproduzierbar war und einer aus-
gewogenen Ernährung entsprach, was ihn zudem jahrhundertelang autonom sein ließ. Indoktrinierung hat
ihn nun dazu gebracht, hybrides Saatgut einzusetzen,
das eben nicht reproduzierbar ist, das er nicht beherrscht
und das er jedes Jahr neu kaufen muss, bis die gentechnisch veränderte Pflanze ihn vollständig in Abhängigkeit
gebracht hat. Sein Beruf wird zum Albtraum, bei dem die
Angst vor dem Leben größer wird als die vor dem Tod.
Die Zahl der durch Selbstmord umgekommenen Bauern
steigt unablässig. Dieses Phänomen ist heute noch weitgehend unbekannt und den Verlusten und Gewinnen
einer internationalen Maschinerie zuzuschreiben, deren
Niedertracht der Gleichgültigkeit derjenigen entspricht,
die dahinterstecken.

## Die Speise ist dem Fraß gewichen

Die industrielle Landwirtschaft hat einen Überfluss an
Lebensmitteln zu immer geringeren Preisen hervorgebracht, bis zu dem Punkt, da die Ausgaben eines abendlän-
dischen Haushalts für Ernährung kaum fünfzehn Prozent
seines Budgets ausmachen. So wird das Lebensnotwen-
dige banalisiert und der Überfluss bekommt unbegrenzten
Spielraum. Der wunderbare Ausdruck »Speise«, der neben
seinem Ernährungscharakter noch symbolische und poetische Nachklänge hat – verbunden mit der Welt des feinen
Geschmacks, mit Kunst zubereitet, was die Seele erfreut
und die Geselligkeit fördert –, hat dem »Fraß« Platz
gemacht, womit eine im Überfluss vermanschte, mani-
pulierte und belastete Masse gemeint ist. So kommen

Nahrungsmittel nicht mehr als Gaben der Erde zu uns, die uns jede Saison zu den günstigsten Zeiten und an den besten Orten dargeboten werden; als Speise voller Rhythmus und kosmischer Energie und mit aller Geduld des Universums; als Speise, die durch ihre üppige Vielfalt, ihre erstaunliche Manifestierung der überbordenden Lebenskraft so sehr zum Wohlbefinden von uns Erdbewohnern beigetragen hat.

Im Gegensatz dazu besteht für die Masse der Menschen heute das Ernähren darin, alles herunterzuschlucken, das ganze Jahr hindurch; unpersönliche, anonyme Essware aufzunehmen, die heimlich die Mägen und die Därme durchwandert, um dem Mülleimer-Organismus, der übersättigt ist und dennoch an Mangelerscheinungen leidet, das Funktionieren des Stoffwechsels zu sichern, das die Wirtschaft unbedingt fürs eigene Überleben braucht.

Und während immer mehr Brachen entstehen, schleppt ein unablässiges Hin und Her an Schiffen, Frachtern, Zügen und Lastwagen die Nahrungsmittel kreuz und quer durch die Welt. Diese wahnsinnige Choreografie zwingt uns, anonyme Lebensmittel zu verzehren, nachdem diese Tausende von Kilometern zum Schaden der Nahrung hinter sich gebracht haben, obwohl wir sie doch in unserer Nachbarschaft produzieren können, denn so verlangt es das Gesetz des Marktes.

In den 1980er-Jahren verlässt ein Lastwagen mit Tomaten Holland, um Spanien damit zu beliefern. Zur gleichen Zeit macht sich ein Lastwagen mit spanischen Tomaten auf den Weg nach Holland. Auf einer französischen Straße stoßen sie zusammen! Diese wahre Anekdote ist eine Karikatur, die uns über die Absurdität unseres Systems nachdenken lassen sollte.

## Guten Appetit
## oder viel Glück?
## Ein trauriger Hohn

Diese Anekdote zeigt uns, wie schwerwiegend die Funktionsstörungen sind, denn die Lebensmittelsicherheit wird im großen Stil durch das karikiert, was man mit gutem Recht als »Gesundheitsschädlichkeit durch Lebensmittel« bezeichnen kann. Der massive Einsatz von synthetischen Pestiziden ist besonders dramatisch. Endlich wird aber damit begonnen, dieses Problem ernst zu nehmen, indem der Zusammenhang zwischen der Ernährung und der regelrechten Geißel der sogenannten Zivilisationskrankheiten, die sich trotz unserer Kenntnisse und unserer höchst verfeinerten medizinischen Fertigkeiten immer weiter ausbreiten, endlich gesehen wird. Diese Krankheiten – unter anderem Krebs, Herz-Kreislauf-Erkrankungen und Fettleibigkeit – werden zum ersten Mal als weltweites Problem erkannt. Die Ausgaben für Gesundheit sind dabei, diejenigen für Ernährung in den zivilisierten Ländern zu übersteigen. Diese Umkehr ist eine der großen Paradoxien der reichen Länder und wird allmählich zum tragischen Hohn. Kurz: Nahrung, Wasser und Luft – fundamentale Attribute des Lebens und Garanten für dessen Fortdauer seit den Anfängen – werden zu Komplizen des Todes. Ein Humorist sagte, bald müsse man zu Beginn einer Mahlzeit nicht mehr »guten Appetit«, sondern »viel Glück« wünschen. So wie die Dinge liegen, bringt der Humor eine objektive Realität auf den Punkt, und der Hohn drückt eine unsinnige Tragödie und ein Paradox aus: Die Nahrung, die doch das Leben unterhalten soll, ist drauf und dran, es zu zerstören. Man kann die Aufklärungsfeindlichkeit nicht weiter treiben, vor allem nicht in der Wissenschaft, die doch eigentlich das Gegenmittel dazu darstellen und aufklären soll.

### Die moderne Landwirtschaft: Die verwundbarste und unrentabelste aller Zeiten

Außer der Tatsache, dass sie destruktiv ist, ist die moderne Landwirtschaft auch höchst fragil. Die Züchtung von Mais zum Beispiel laugt die Böden aus, was viele landwirtschaftliche Betriebsmittel erfordert – vor allem Pestizide –, und um das Ganze zu komplettieren, braucht es ungefähr vierhundert Liter Wasser für ein Kilo Getreide (was, zu Ende gedacht, viertausend Liter Wasser für ein Kilo Fleisch ergibt). Da man außerdem ungefähr zweieinhalb bis drei Tonnen Erdöl braucht, um eine Tonne Dünger herzustellen, und da das Erdöl an den Dollar gekoppelt ist, ist die Landwirtschaft quasi vollständig vom Erdöl abhängig. Das macht sie zu einer außerordentlich fragilen und abhängigen Produktion. Außerdem haben sich die kumulierten Kosten für diese Art der Produktion global sehr erhöht. Denn um eine Lebensmittelkalorie zu produzieren, braucht es zwölf Energiekalorien. Dazu tritt noch die gesamte Arbeit außerhalb der Saison, was wiederum große Mengen an Brennstoff nach sich zieht, um etwa zur Winterzeit künstlich quasi hochsommerliche Temperaturen zu erhalten. Damit besitzen wir heute ganz eindeutig das kostspieligste und unrentabelste System in der gesamten Geschichte des Ackerbaus.

Doch jenseits der Landwirtschafts- oder Ernährungs-problematik ist die industrielle Landwirtschaft auch repräsentativ für eine Zivilisation, die den Mineralien, dem Profit und der menschlichen Gier die Vollmacht über das Leben und die Lebenden – und das sind wir selbst – gegeben hat. Diese Verkehrung der Logik nimmt die Züge einer gefährlichen Schimäre an, deren negative Konse-quenzen sich sogar in unserer Physiognomie zeigen. Denn in einer Gesellschaft, die besessen ist von der Ver-mehrung technischer Spielzeuge, ist kein Platz mehr für die Kunst, sich zu ernähren und auf das wunderbare Ge-schenk zu achten, das die Natur unserem Bewusstsein gemacht hat: Wir nennen es unseren Körper. Wir achten mehr auf das, was wir den Motoren unserer Autos zufüh-ren, als auf das, was wir aufnehmen, um dieses Gut zu un-terhalten. Wenn dieses Gut geschädigt wird, erweist es sich als unersetzlich. So vernachlässigen wir dieses höchs-te Geschenk, das weder Dollars noch eine andere Eitelkeit ersetzen können; die menschliche Weisheit hat ihm die Bezeichnung »Gesundheit« verliehen.

## Angesichts von Verunsicherung und Panikmache versucht die Politik die Probleme eher herunterzuspielen als anzugehen

Jenseits aller Ängste hätten diese Vorkommnisse, die die Politiker, die Wissenschaftler, Produzenten und Händler infrage stellen, als außerordentliche Gelegenheit ergriffen werden können, um eine allgemeine Bestandsaufnahme unserer Lebensweise zu machen. Doch im Augenblick der Krise des Rinderwahnsinns hat der demagogische Druck wie immer den Sieg davongetragen und die in Panik geratenen Bürger konnten gerade noch durch das Schauspiel eines ekelhaften Blutbades an den Wiederkäuern ruhiggestellt werden, gleichsam als Faustpfand für den Ernst, mit dem man der Problematik Rechnung trug. So hat wieder einmal die Angst und nicht die Vernunft ein Fortschreiten des kollektiven Bewusstseins bewirkt, und sei dieser Fortschritt auch noch so gering.

Es geht hier nicht darum, den Bauern die Schuld zu geben, sind sie doch, gerade so wie alle gesellschaftlichen Bereiche, in die gleiche totalitäre Logik eingebunden. Dennoch entbindet diese Logik sie ebenso wenig wie jeden anderen nicht von der Verantwortung, die Willensfreiheit und Demokratie uns ermöglichen. Und die Bauern haben, indem sie wie alle anderen Berufsverbände den Wettbewerb, die Rivalität und das »Immer mehr« zum Nachteil ihres Nächsten akzeptiert haben, nicht eben zur Verbesserung ihrer Lebensbedingungen beigetragen. Eine internationale Bauernschaft, die auf Solidarität beruht, hätte zweifelsohne den Schaden begrenzt. Diese Frage zielt auf das Hauptproblem unseres Systems, das uns leitet und uns auffrisst.


**Das Ende der Autonomie der Bauern
der Dritten Welt und traditioneller
Organisationen: Ein Prozess
der unumkehrbaren Entfremdung**

Kaffee, Kakao, Baumwolle, Erdnüsse, Zuckerrohr, Maniok, Soja – die Liste der landwirtschaftlichen Produkte, die von den Bäuerinnen und Bauern der Dritten Welt geliefert werden, um die internationalen Märkte zu bedienen, ist lang. Der berüchtigte Begriff der Globalisierung stammt nicht erst von heute. Schon früher bildeten die Bauern Gemeinschaften und Ethnien, die organisiert waren, um von den Ressourcen ihrer verschiedenen Territorien und einer Landwirtschaft zu leben, die fast ausschließlich dazu bestimmt war, die unmittelbaren Nahrungsmittelbedürfnisse zu befriedigen. An die Scholle gebunden, die sie ernährt, doch zuweilen auch karg ist, manchmal aber verschwenderisch, die ein gutes Jahr hat und dann ein schlechtes, konnten diese Gemeinschaften die Jahrhunderte überstehen dank ihrer Fähigkeit, die Gaben ihrer Erde zu verwerten. Diese Ernährungsautonomie bildete die unerlässliche Grundlage einer jeden Gesellschaftsstruktur, und sämtliche Gemeinschaften konnten jeweils autonom ihre vitalen Bedürfnisse befriedigen – Nahrung, Kleidung, Schutz, Pflege, etc. Zu diesen materiellen Bedürfnissen kamen immaterielle Werte, die Welt der Kosmogonien, des Glaubens, der Bräuche und Rituale und des künstlerischen Ausdrucks. Vor dem Industriezeitalter war diese Lebensweise in etwa die der europäischen Völker. Die osteuropäischen Länder weisen noch heute Strukturen auf, die von elementaren, natürlichen Verhältnissen inspiriert und bestimmt sind, aber man kann, ohne zu übertreiben, behaupten, dass die Bedingungen, die ihnen das landwirtschaftliche Europa zumuten wird, sie nicht mehr verschonen werden als die Bauern des reichen Europa, die heute auf drei bis vier Prozent der Bevölkerung geschrumpft sind – mit dem Ziel einer noch drastischeren Reduzierung derselben, was einer Verletzung der Menschenrechte gleichkommt.

## Im Süden wie im Norden –
## die gleichen Engpässe

Die Bauern des Südens durchlaufen also die gleichen Engpässe wie die des Nordens, doch ohne Subventionen oder andere Entschädigungen, dafür mit noch größerem Elend. Unter je anderen Gegebenheiten überall ein und dieselbe Ideologie von Produktivität und unendlichem Wachstum, von der die Landbevölkerung des gesamten Planeten heimgesucht wird. Das Szenario bleibt sich immer gleich: Die Bauern, die auf der Grundlage ihres tradierten Wissens und Könnens arbeiten, gelten als zurückgeblieben. Das Bild, das die Moderne von ihnen zeigt, stellt ihre mentalen Strukturen auf den Kopf und macht sie zu antiquierten Wesen. Sie leben in einer oralen Kultur, was ihr Außenseitertum noch verstärkt. Die Geschichte läuft ohne sie ab. Geschichte wird zur Sache der zwanzig Prozent der Menschen, die von den großen technischen, wissenschaftlichen und wirtschaftlichen Veränderungen berührt sind. Dennoch stellt diese Bauernschaft eine produktive Energie dar, die die jungen oder alten Nationen im Sinne ihrer Ökonomien mobilisieren wollen. Geld, eher selten in den regionalen Ökonomien, dringt dort unmerklich ein und wird nach und nach zum wirtschaftlichen Referenzwert, dem als Parität austauschbare Güter entsprechen.

Das Schicksal ist dementsprechend vorherbestimmt: Bruttoinlandsprodukt und Bruttosozialprodukt obsiegen; die Bauern werden gezwungen, exportierbare Nahrungsmittel zu produzieren, um Devisen zu erhalten, die ihrerseits in die Kassen des Staates und der Volkswirtschaft fließen. Um Rendite zu erhalten, müssen die kostspieligen Methoden der modernen Produktion eingesetzt werden, und zum ersten Mal machen die Bauern Bekanntschaft mit der Trilogie des westlichen Inputs: chemische Dünger, künstliche Pestizide und gentechnisch verändertes Saatgut. Die Mechanisierung bleibt begrenzt, und der Bauer muss mit seiner Körperkraft und derjenigen der Frauen und Kinder oder der Zugtiere produzieren.

Dann kommt eine wirksame Strategie ins Spiel: Speziell ausgebildete Multiplikatoren lehren die Bauern »rationelle« Methoden moderner Arbeit: die Aussaat in Linie, Einsatz von Dünger, etc. Nach einem kostenlosen Versuch auf seinen Parzellen, die ihn von der Effektivität des »Pulvers der Weißen« überzeugen sollen, werden Kooperativen oder andere Strukturen geschaffen, die dem mittellosen Bauern die Betriebsmittel liefern, sehr oft in Gestalt von Vorauszahlungen der Einnahmen. Ihm obliegt die Weiterleitung der Ernte an die Kooperative, die sich um Zusammenlegung, Ausfuhr und Kommerzialisierung der Produkte kümmert; der Verkauf bedingt Fristen, die der Bauer akzeptieren muss, ehe er seinen Lohn erhält, abgezogen die Kosten für seine Betriebsmittel. Diese Art des Tausches ist für den Bauern nachteilig. Die industriell hergestellten Betriebsmittel werden nach dem Wert eines Barrels Erdöl und seines Gegenwertes berechnet: Der Dollar schwankt kaum, doch das landwirtschaftliche Produkt ist den Unwägbarkeiten des internationalen Marktes ausgeliefert. Dieser Markt kann nach Gutdünken mit dem Überangebot oder dem Mangel spielen und die Produzenten im internationalen Maßstab der Konkurrenz aussetzen: Baumwolle, die per Hacke angebaut wurde, wird so behandelt wie die, die ein amerikanischer Großfarmer subventioniert und mit seinem Traktor auf seinen Riesenfeldern produziert.

In diesem Spiel akzeptiert der Bauer schließlich die Schulden, die er immer schlechter bedienen können wird, bis zur chronischen Verschuldung und seiner definitiven Zahlungsunfähigkeit. So gerät er in einen Prozess der unumkehrbaren Entfremdung. Die durch die Früchte seiner Arbeit erwirtschafteten Devisen haben nur eine sehr begrenzte Auswirkung auf seine eigene Lage. Sie dienen im Wesentlichen dem Staatsbudget, der sehr kostspieligen Militärausrüstung. Um mehr zu produzieren, rodet und entwaldet der Bauer und trägt so unbewusst zur Versteppung seiner natürlichen Umgebung bei. Zudem muss auch noch die Zeit, die für die spätere Rentenzahlung benötigt wird, von der unmittelbaren Lebensmittelproduktion abgezogen werden. Zu niedrigem Preis aus Ländern importiertes Getreide, in denen der Produzent subventioniert wird, von Dumping ganz zu schweigen, vergrößert den Mangel. Zuweilen ist außerdem zu beobachten, dass durch eine ungewöhnliche Überproduktion armer Bauern die karge Ernte anderer armer Bauern kompensiert wird.

## Eine menschliche und ökologische Katastrophe von der Dritten Welt bis zu den USA

Durch die Konkurrenz auf dem internationalen Markt zerstören die reichen Produzenten nicht nur die armen, sondern die armen zerstören sich gegenseitig. Denn man hat sehr wohl dafür gesorgt, Grenzen zu errichten – oft auch künstliche –, um den Wettbewerb zu stimulieren. Damit sind wir mitten im Wirtschaftskrieg, in dem sich der Bauer befindet, ohne sich dessen bewusst zu sein. Das betrifft sicher nicht die Großgrundbesitzer der Dritten

Welt oder andere Eigner von Latifundien, die der Bruderschaft der Produktivitätssamurais beigetreten sind und die, was ihre Performance angeht, viel der Unterjochung kleiner landloser Bauern verdanken, die bestenfalls ihre Arbeiter und schlimmstenfalls Parias in übervölkerten Städten werden. So hat sich die weltweite Kaste der Landunternehmer gebildet, oft unterstützt durch eine Verfügung über Böden, die sie nach eigenem Gutdünken festlegen kann, da sie auch bei entsprechenden politischen Entscheidungen mitwirkt. Selbst die Bauern in den USA, die als der reichste Staat der Welt gelten, haben die Qualen dieses Verzweiflungsszenarios durchlebt, und viele von ihnen gehören zu denen, die wegen Bankrott Selbstmord begehen.

## Eine mehr als zwanzigjährige Erfahrung mit den Bauern der Sahelzone

Meine mehr als zwanzigjährige Erfahrung mit dieser Problematik hat mir die Bauern der Sahelzone nahegebracht, die nicht allein in eine wirtschaftlich äußerst prekäre Lage gebracht, sondern zudem durch große Trockenheit zu Fremden auf ihrem eigenen Land wurden. Eine Trockenheit wie diejenige, die in den 1980er-Jahren die gesamte Sahelzone vom Senegal bis nach Äthiopien heimsuchte, zeitigte unmittelbare, apokalyptische Konsequenzen für die betroffene Bevölkerung; Hungersnot und dezimierte Viehherden waren die Folge. Doch die Trockenheit stellt mit der Zerstörung der Bodenvegetation, der wilden Fauna und Flora auch ein ökologisches Drama großen Ausmaßes dar. Die Sahelzone wird zur Sahara, der feuchte tropische Bereich wird »sahelisiert«. Der Regen wird seltener, und wenn er fällt, ruiniert er den kahlen Boden und schwemmt die fruchtbare Erde durch plötzlich entstehende Wasserläufe in die verschiedenen Mündungsgebiete. Der Wind vervollständigt das Desaster, indem er den feinen Lehm verweht. Zu dem überzähligen Vieh auf immer weniger ertragreichen Weiden kommt noch die Entnahme von Brennstoff durch die Menschen in einem natürlichen Milieu, das blutleer geworden ist; ohne dabei die Buschfeuer zu vergessen, die jede Regeneration der Vegetation verlangsamen oder gar verhindern. Objektiv wohnen wir dem Todeskampf eines erst unlängst stabilisierten Biotops bei, was vorhersehbare wie unvorhersehbare Kollateralschäden mit sich bringt.

Diese ökologische und menschliche Tragödie hat die Abwanderung der Bevölkerung in Agglomerationen zur Folge, denen man missbräuchlich die Bezeichnung »Städte« verliehen hat. Schiffbrüchige sammeln sich in einem unentwirrbaren Chaos und versuchen mit allen Mitteln, nicht hungers zu sterben. Diese Situation erzeugt ganz offensichtlich eindeutige und auch weniger eindeutige Miseren: Drogen, Prostitution, Gewalt, Kriminalität, alles in einer Atmosphäre voller Staub, da die Lungen alltäglich durch die Abgase der Fahrzeuge mit ihrer fehlerhaften Verbrennung gefüllt werden; diese Fahrzeuge sind zuvor meist von den technischen Prüfinstanzen der reichen Länder ausgesondert worden.

In dieser merkwürdigen Situation wird selbst die Ernährung »modernisiert«. Die traditionelle Ernährung, die oft recht ausgeglichen ist, wird mehr und mehr durch Mahlzeiten ersetzt, die aus minderwertigem Getreide unbekannten Ursprungs bestehen. Um dem ein wenig Geschmack zu verleihen, greift man auf Fläschchen zurück, aus denen neonfarbige Saucen von zweifelhafter Zusammensetzung rinnen. Dazu kommen noch für die nicht ganz so mittellose Klasse unendlich viele Dosenöffner und Flaschenöffner, die Kohlensäure-Getränke verfügbar machen, die durch das Übermaß an Zucker Diabetes verursachen – zur Zufriedenheit der Firmen, die diese Getränke wirkungsvoll propagieren, bis in entlegene Orte hinein. Krankheiten vermehren sich bei einer immer schwächer werdenden physiologischen Konstitution. Damit wird die Stadt, die doch als Ausweg galt, zur Falle.

Und die Moral von dieser kleinen Geschichte: Die Bauern bezahlen überall auf der Welt einen exorbitanten Preis, ohne dass sich ihre Bedingungen verbesserten, ganz im Gegenteil. Eine Strategie, die diese Problematik der Bauern und die Notwendigkeit bedacht hätte, die Bauern auf ihrer Scholle zu halten, hätte diese Katastrophe verhindert. Also kommt die Forderung auf, dass Verbände und Nichtregierungsorganisationen eingreifen sollen, um den Versuch zu unternehmen, die Defizite zu beheben. Hilfsaktionen werden zu Notlösungen angesichts unakzeptabler Mängel, da die Welt offenbar nicht großzügig und menschlich organisiert werden kann.


## Für ein notwendiges innehalten, das zum Überleben der Menschheit nötig ist

Mit diesen wenigen Beobachtungen hoffe ich gleichwohl, nicht nur meinen Standpunkt zu verdeutlichen, sondern auch auf eine zu wenig beachtete Problematik aufmerksam gemacht zu haben.

Wir können nicht mit gutem Gewissen die Situation schönreden angesichts eines Handelns, das unser Überleben betrifft und das unter dem Vorwand, eine wirksame Antwort auf die Bedürfnisse der Menschheit zu liefern, drauf und dran ist, sie auszuhungern, indem sie ihr lebenserhaltendes Erbe zerstört. Denn die Erde, das Wasser, die tierische und pflanzliche Vielfalt sind keine Ressourcenlagerstätten, sondern stellen ein Gemeingut dar, welches das Leben und Überleben von uns allen garantiert. Dringend muss dieses Gemeingut von jeglicher Finanzspekulation befreit werden, die es verschleudert und den Geldverdienern überlässt.

## Ausweg aus der Sackgasse
## des gegenwärtigen Wirtschaftssystems

Ganz offenbar kann man sich nicht auf die Feststellung einer Problematik in der Landwirtschaft beschränken, um die Sackgasse begreifbar zu machen, in der wir gegenwärtig stecken. Wenn die moderne Landwirtschaft so zerstörerisch ist und Gesetze des Lebens nicht beachtet, dann rührt das daher, dass sie Teil einer generellen Bewegung der Gesellschaft ist, die zu verstehen und zu überdenken mir ebenso wichtig scheint. Der Mensch hat das Prinzip der Fragmentierung und der körperlichen, psychischen, ideologischen, metaphysischen Dualität errichtet – als Basis des Zusammenlebens und mit allen Streitigkeiten und Gewalttätigkeiten, die direkt und indirekt daraus hervorgehen. Die pyramidale Denkweise, inspiriert von der Fließbandarbeit, hat die Arbeit und die Sicht auf die Welt fragmentiert. Nun ist aber das Leben von der Natur nicht zu trennen.

### Von der Notwendigkeit der Veränderung,
### um nicht unterzugehen

Aus unserer Oase, dem Planeten, hat der Mensch eine Lagerstätte von Ressourcen gemacht, die maßlos geplündert werden. Wozu immer wieder alle Folgen dieses menschlichen Irrationalismus aufzählen? Längst schon haben sie sich zu einer Art Ultimatum summiert, das uns ausdrücklich zur Veränderung zwingt, damit wir nicht untergehen.

Im Gegensatz zu allen anderen Arten programmieren wir tatsächlich durch Mangel an Intelligenz und Verständnis der Lebenszusammenhänge unseren eigenen Untergang. Einige für die Intuitionen der indigenen Völker empfängliche Wissenschaftler erkennen in jeder Manifestation des Lebens eine »spirituelle« Dimension. Diese Völker konnten das Leben nicht ohne die es bewirkende universelle Intelligenz begreifen. Ein einfacher Gärtner kann, sofern er aufmerksam und frei von Aberglauben ist, die schöpferische Kraft feststellen, die noch das winzigste Saatkorn programmiert. Wie begreift man in einer solchen Samenknospe die Kraft eines Prozesses, der in der Lage ist, Tonnen von Früchten hervorzubringen, die Tausende von Samen enthalten – von dem Moment an, da dieser Samen in die Erde versenkt wurde? Die Behauptung ist nicht unrealistisch, dass man mit einem Weizenkorn die Menschheit ernähren kann. Doch noch sind wir weit davon entfernt. Wir begreifen zwar die Mechanismen der Keimung und des Wachstums, doch die Einsicht in den Ursprung dieser Kraft verschließt sich in einem Mysterium, zu dem wir allein durch den Verstand keinen Zugang finden. Diese Einsicht in unsere Geringfügigkeit lässt uns das Ausmaß und die Komplexität eines Phänomens ermessen, bei dem wir zwar eine gewisse Logik erkennen können, dessen Ursache und Zweck uns aber verborgen bleiben. Im Leben der Pflanzen und Tiere scheint in der Tat alles von einer so feinen »Organisation« bestimmt zu sein, dass dies nicht die Wirkung eines Zufalls sein kann.

## Der Preis für das »Wunder« der Industrie: Eine noch nie dagewesene Umwälzung durch Bodenschätze (Kohle und Eisenerz)

Bis heute haben wir keinen Nutzen aus dieser Weisheit ziehen können, um unsere Gesellschaft zu organisieren. Im Gegenteil: Wir haben eine eigene Logik entwickelt, die weit entfernt von jedem Zusammenhang mit dem Leben ist. Zu den Gründungsmythen der Moderne, die am tiefsten in der allgemeinen Auffassung, im kollektiven Bewusstsein und der gesamten Struktur der heutigen Gesellschaft verwurzelt sind, gehört vor allem der Entwicklungsgedanke. Dieser Gedanke erweist immer mehr seine katastrophalen Auswirkungen und seine vollständige Unangemessenheit für einen positiven Gang der Geschichte. Der Gedanke an Entwicklung ist das älteste Geschöpf einer industriellen, technisch-wissenschaftlichen Welt der Produktion und des Handels, wie es sie innerhalb der Geschichte der Menschheit noch nie gegeben hatte. Um die Bodenschätze, brennbare wie nicht brennbare, etwa Kohle und Eisenerz, durch die Beherrschung einiger physikalischer Prinzipien zutage zu fördern, war eine Schwerindustrie erforderlich, die Maschinen herstellte und andere technologische Neuerungen hervorbrachte. Dies geschah alles so plötzlich, dass man es geradezu als historisches Erdbeben bezeichnen muss. Vor nur zweihundert Jahren konnte Bonaparte, so allmächtig er auch war, nur sehr partiell von diesem Fortschritt profitieren. Er führte seine militärischen Feldzüge auf dem Rücken seines Pferdes, gerade so wie die Potentaten, die ihm in all den Jahrhunderten und Jahrtausenden vorhergegangen waren, etwa Alexander der Große, Julius Cäsar oder Dschingis Khan. Durch die erwähnte große Veränderung hat das Pferd, das Tier, der dampfgetriebenen Pferdestärke Platz gemacht.

Die Begeisterung, die durch solche Wunder bewirkt wurde, hat eine neue Ordnung begründet, eine Art industrielles Wunder. Der Glaube an die Vernunft als befreiendes Prinzip kam auf. Was dabei mehr oder weniger übersehen wurde, ist, dass dieses Wunder vom Zusammentreffen mehrerer günstiger Faktoren profitieren konnte:

—— das erfinderische Genie des Westens in Physik, Mechanik, Chemie, Elektromagnetik, welches das Zeitalter der »Verbrennung« einläutete, womit die gesamte Organisation der vorigen Welt auf den Kopf gestellt wurde;

—— die Ersparnisse aus der Landwirtschaft (der Notgroschen) zur Bildung von Grundkapital;

—— die Arbeitskraft der ärmsten Bauern, die zu den härtesten Arbeiten des Erzabbaus für die Hochöfen herangezogen wurden. Ehe der Taylorismus den Nutzen aus diesem Mangel an Qualifikation zog, indem er die Fließbandarbeit einführte, wurden nationale Handwerkskräfte längere Zeit durch große Einwanderungswellen aus Europa und Übersee verstärkt.

—— die Rohstoffe, die Energie durch Verbrennung und die Arbeitskraft aus den riesigen kolonisierten Gebieten auf fast dem gesamten Globus. Man weiß, dass die »Entdeckung« Amerikas den Transfer kolossalen Reichtums ermöglicht hat, was nur der Anfang dessen war, was man sehr wohl als zivilisierte Plünderung bezeichnen kann.

In dieser Lage hat Europa, das als einziger Kontinent diese gewaltige Veränderung durchgemacht hat, sich seines Bevölkerungsüberschusses durch große Migrationswellen der angelsächsischen, der romanischen und anderer Völker entledigt.

So gesehen beruht das industrielle Wunder auf einer Konzentration der Mittel. Gleichwohl ist es als das Modell errichtet worden, das Fortschritt versprach, für die Menschheit ganz allgemein, die hier ihr Heil fände und endlich von den Grenzen befreit wäre, die ihr die Natur auferlegt hätte.

Doch man kann unschwer erkennen, dass ein Zivilisationsmodell, das von so vielen günstigen Faktoren profitiert, nur ein paradoxes Phänomen sein kann, das ohne Konkursanmeldung des Planeten nicht durchgesetzt werden kann. Und nur weil bislang einzig eine eher kleine Anzahl unserer Mitmenschen dieses Modell anwenden konnte, hat die Menschheit bislang überlebt.

**In der Konsumkultur stellt sich sogar die Erziehung in den Dienst von Bruttoinlandsprodukt und Bruttosozialprodukt**

Die Industriekultur beruht mithin auf dem Verbrauch von Energie, was die Verbrennungskultur zur Folge hat. Die Verbrennungsenergie wird so zum wichtigsten Referenzpunkt und bestimmenden Wohlstandsfaktor. Der Einsatz von Maschinen, den sie bewirkt, lässt den Grundsatz der Produktivität entstehen. Die Industrienationen sind nach der Ideologie des unendlichen Wachstums ausgerichtet. Jeder Bürger ist seit seiner Kindheit dazu erzogen, sich Kenntnisse anzueignen, um dem neuen Dogma zu dienen: hart zu arbeiten und zu konsumieren, um das Bruttoinlandsprodukt und Bruttosozialprodukt seines Landes zu heben. Bruttoinlandsprodukt und Bruttosozialprodukt werden zu Referenzpunkten, die es ermöglichen, die erhaltenen monetären Ergebnisse zu messen. Die Idee des Fortschritts übersetzt vor allem materielle und gewinnbringende Errungenschaften, und anstelle von Gerechtigkeit und Wohlergehen generiert sie gewaltige Ungleichheiten auf der ganzen Welt. Ein Fünftel der Menschen, die von diesem Prozess betroffen sind, verbraucht vier Fünftel der Reichtümer dieser Erde, und das verbleibende Fünftel ist ungleich aufgeteilt. Anders dargestellt: Stellen wir uns fünf Personen vor, die an einem Tisch sitzen, um einen Laib Brot zu teilen. Einer der fünf gönnt sich vier Fünftel dieses Mannas und lässt den vier anderen ein Fünftel übrig. Einer der vier nimmt sich die Hälfte dieses Restes, der Zweite ein Viertel und lässt das verbleibende Viertel ungerechterweise den beiden Letzten.

Diese strukturelle Ungleichheit macht aus der Beraubung der Allermeisten die Überlebensbedingung der Minderheit. Nachdem man das zur Kenntnis genommen hat, kam die Idee der Entwicklung auf, doch nicht so, dass die Exzesse der einen reduziert würden, damit den anderen geholfen wird. Vielmehr sollten die sogenannten »zurückgebliebenen« Nationen ihr Niveau anheben, damit auch sie prosperieren und durch Steigerung von Produktion und Konsum zum Fortschritt beitragen. Man hat nicht den Eindruck, dass die Unmöglichkeit, das Modell zu verallgemeinern, bislang klar erkannt wurde. Der Planet, betrachtet als Lagerstätte unerschöpflicher Ressourcen, wurde zum Schauplatz eines überschäumenden Wettbewerbs unter den Nationen. Der strukturelle Kannibalismus kam auf. Die Entwicklung der armen Nationen liefert einen moralischen und altruistischen Vorwand, um endlich an ihre enormen Ressourcen heranzukommen.

Diese Option führte zu einem Bruch, der sich zwischen dem technologisch avancierten Norden und dem Süden, der noch der säkularen Organisation unbeweglicher Traditionen unterworfen ist, niemals schließen wird. Der Norden, überaktiv, effizient, energieintensiv, fordert den Süden auf, sich im nämlichen Sinne zu engagieren. In einer Rede Harry Trumans, des Präsidenten der USA, taucht zum ersten Mal der Begriff der Unterentwicklung auf, wahrscheinlich von der Kultur des Marktes inspiriert. Er bringt Strategien auf den Weg, die das Wohlstandsniveau der Nationen heben sollen, was sich in ihrer Fähigkeit zeigt, Güter hervorzubringen, die mit Geld bewertet werden. Der Bezug auf Geld als beinahe exklusiver Maßstab für Wohlstand verleiht eine unerhörte Macht, die das gesamte menschliche System auf den Kopf stellen wird. Denn er macht möglich, dass sich Gier und materielles Verlangen beinahe unbegrenzt ausdehnen. Diese Ideologie entwertet mit einem Schlag die einheimischen Wirtschaften (die von der missbräuchlichen Sprache der Pseudoökonomen »informell« genannt werden) und die nicht monetären Reichtümer der Nationen, die auf künstliche Weise arm gemacht werden, trotz all ihrer sozialen und vitalen Möglichkeiten und ihrer Fähigkeit, mit wenig oder ganz ohne Geld zu überleben. Trotz aller menschlichen Unvollkommenheiten entsprechen diese Reichtümer dennoch direkter den Notwendigkeiten des Lebens: Lebensmittelproduktion, Bündelung von Dienstleistungen, gegenseitige Hilfe, Solidarität und Beistand unter den Generationen, gemeinsame Bewältigung der Wechselfälle des Lebens. All dies bei jeglicher Abwesenheit von sozialer Sicherheit, Renten, Versicherungen, Subventionen. Die Länder der Dritten Welt nehmen sich von nun an als arm wahr, obwohl ihre Territorien immense Reichtümer bergen, deren Transfer in die bereits florierenden Länder organisiert wird, um deren Wohlstand noch weiter zu vergrößern.

## Die Apotheose einer Logik ohne Seele und Zukunft: Die Logik von Zeit und Geld

Mit der Ideologie von Zeit und Geld und des unbegrenzten Wachstums kommt eine höchst dramatische Willkür in unserer Geschichte auf: Zerstörung der regionalen Systeme, Plünderung, Umweltverschmutzung, Aufzehrung der Ressourcen, künstliche Verknappungen. Wir wohnen heute der Apotheose einer Logik ohne Seele und daher ohne Zukunft bei. Die Meinungen zur Bilanz, die über diese Zukunft gezogen werden kann, sind geteilt. Nicht zu leugnen ist wohl, dass der wesentlich technische Fortschritt außerordentliche Innovationen hervorgebracht hat, allerdings zum Vorteil einer Minderheit der Menschen. Er hat jedoch mangels einer Ethik und eines großzügigen Denkens, das dazu beitragen könnte, auf dem gesamten Planeten eine gemäßigte, gastfreundliche Gesellschaft entstehen zu lassen, vielmehr zum Chaos beigetragen. Er hat unseren zerstörerischen Trieben Werkzeuge an die Hand gegeben, die von einer Effizienz ohnegleichen sind und zur Fragmentierung der früher tatsächlich geeinten Natur geführt haben. Die Globalisierung als antagonistisches, auf Wettbewerb ausgerichtetes und mörderisches System ist der letzte Avatar einer Geschichte, die ganz offenkundig ihre letzte Phase erreicht hat. Um sich davon zu überzeugen, sollte man sich die Störungen und Schädigungen des jetzigen Systems vor Augen halten, einschließlich derjenigen der Biologie und des Klimas, die sich als Ultimatum an unser Gewissen erweisen.

## Vom Mythos der Entwicklung
## zum Mythos der » nachhaltigen « Entwicklung

Die Feststellung dieses weltweiten Versagens hat unlängst ein Prinzip hervorgebracht, das zum Gegenmittel für Entwicklung wurde: die »nachhaltige« Entwicklung. Dieser neue Mythos läuft allerdings Gefahr, eher die Rolle eines Ablenkungsmanövers zu spielen, als eine wirkliche Lösung zu sein. Er gibt vor, die Ideologie des unaufhörlichen »Immer mehr« als absolutes Dogma mit den Notlösungen zu versöhnen, die eine immerwährende Logik errichten sollen. Kann also die Politik des Feuerwehrmannes als Brandstifter nicht dort ein neues Alibi finden? Denn die unverschämte und totalitäre Multinationalität – will sie denn nicht eine »nachhaltige« Entwicklung? Die ganze Welt kann diese Idee unterschreiben, die sich mehr und mehr ausnimmt wie der Knochen, den man abknabbert und der öffentlichen Meinung vor die Füße wirft, während die Plünderung unseres Planeten unverändert weitergeht.

Denn es herrscht fraglos die Gefahr, dass wir uns nicht davor scheuen, uns auf diese Politik einzulassen und ein System als Norm anerkennen, das Gewalt, Ungerechtigkeit und vielfältige Not hervorbringt und zugleich eine soziale Hilfeleistung in Gang setzt, die die Not lindert und am Ende deren Übergriffe erträglich macht, dank der Reissäcke und Medikamente. Schließlich finden wir es ja normal, dass die Orgien, Raubzüge und Schandtaten einer Minderheit zum Nachteil der überwältigten Mehrheit stattfinden. Nach der Spaltung in Nord und Süd als dankbares Alibi tun sich heute in den reicheren Staaten staatliche Hilfe und die der karitativen Organisationen zusammen, um eine universelle Misere zu verschleiern, die sich immer weiter ausdehnt. Diese Praktiken waschen die »Entscheider« weiß von ihrer Verantwortung für die Bürger, während sie in Wirklichkeit über ihr Schicksal entscheiden. Weil wir die Welt nicht nach den Ideen eines wahrhaften Humanismus organisiert haben, greifen wir zurück auf humanitäre Aktionen als Linderung dieses gewaltigen Versagens. Wir sind individuell wie auch kollektiv verantwortlich für unser Schicksal. Doch das sogenannte Gute im Menschen zeigt sich nur in Form von Hilfsleistungen bei extremen Naturkatastrophen und akuten Hungersnöten. Immer mehr Menschen wird nun aber langsam klar, dass diese Katastrophen Konsequenzen der menschlichen Inkonsequenz der Natur gegenüber sind.

## Notwendige Neuorganisation der Ressourcen

Unsere technischen Wunder sind Grund genug, dass wir uns an ihnen berauschen, doch wir entfernen uns dadurch von den elementareren Gegebenheiten des Lebens. Nichts ist den Bürgern unbekannter als die Erde, der sie ihr tägliches Überleben verdanken. Die Menschen haben eine besondere Fähigkeit, Leiden zu »produzieren« und sich die perversesten Werkzeuge auszudenken, die dem Leiden dienlich sind, und es sich selbst sowie sämtlichen Kreaturen aufzuerlegen, die zu ihrem eigenen Unglück unsere

Anwesenheit auf dieser Welt teilen. Der extravagante Wohlstand von wenigen, oft ohne Freude genossen, geht einher mit der Armut einer immer größer werdenden Zahl unserer Mitmenschen. Offenbar verfügen wir über ein Kriegsarsenal, das fünfzig Planeten vernichten kann, wo doch das Potenzial zur Zerstörung von ein oder zwei Planeten längst ausreichend wäre. Die dadurch eingesparten Ressourcen könnten der wunderbaren Arbeit der Erschaffung von gleichmäßig verteiltem Wohlstand und der Wiederherstellung unseres herrlichen Planeten zugeführt werden. Wie können wir diese offenkundigen Tatsachen ignorieren? Zweifelsohne fehlt uns dafür die Intelligenz oder wir verwechseln offenbar weiterhin diese Intelligenz mit unseren technischen, wissenschaftlichen und intellektuellen Fähigkeiten. Ein offenkundiger Fehler, denn die Summe unserer Fähigkeiten hat keine intelligente Welt hervorgebracht. Die Intelligenz scheint ein besonderes Wesen zu sein, sie ist offensichtlich im Universum omnipräsent, dem sie Kohärenz verliehen hat, doch das Empfinden dafür bleibt vielen Menschen verborgen, während es anderen offenbart wird. Es scheint, dass diese universelle Intelligenz in dem winzigen Mikrokosmos, auf den wir unser Auf-der-Welt-Sein beschränkt haben, immer weniger zu finden ist. Das zeigt sich durch die Distanz, um nicht zu sagen: durch die Diskrepanz in Bezug zu den Fundamenten des Lebens; in einem Denken, das inmitten einer so gewaltigen Wirklichkeit immer beschränkter wird – einer Wirklichkeit, die unserem Verständnis, Bewusstsein und freien Willen alle Möglichkeiten einer inspirierten Kreativität bietet, um der Welt eine Ordnung zu verleihen, die unserer Intelligenz würdig ist. Mit oder ohne uns: Der Planet Erde wird sein »Programm« ohne jeden Zweifel bis zu seinem fernen Verlöschen erfüllen. Manche meinen, er sei eine Entität mit Bewusstsein. Diese Hypothese scheint extravagant, und doch auch so plausibel wie jede andere. Wäre schließlich unser individuelles und kollektives Bewusstsein nicht die Emanation einer bewussten Erde? Selbst wenn dieses Paradies nicht nur Glückseligkeit ist und Plagen sowie Probleme, wie z.B. Viren und Mikroben, kennt. Denn auch wenn der Tod auf tausendfache Art präsent ist, scheint er dennoch die Macht des Lebens zu erhöhen. Dieser Organismus, der uns geschaffen hat und uns beherbergt, offenbart Güter, die Körper, Geist und Herz nähren.

## Delegation der Vollmacht:
## Ein gefährlicher Dämmerschlaf

Nachdem das Volk umworben, verführt und durch die Worte der Politiker beruhigt wurde, hat es an diese Politiker alle Vollmacht delegiert und scheint sogleich danach in Dämmerschlaf verfallen zu sein. Diese Schläfrigkeit wird wohl von Zeit zu Zeit durch mehr oder weniger heftige Proteste gestört, deren Bühne die Straße ist. Um als Beispiel eine Problematik herauszugreifen, die die öffentliche Meinung aufrüttelt und, ich gestehe es, zutiefst mein aktives Engagement und meine Überzeugungen herausfordert: Es scheint, dass achtzig Prozent der europäischen Verbraucher keine genetisch veränderten und patentierten Pflanzen wünschen. Eine Vorsichtsmaßnahme? Eine definitive Absage? Wie dem auch sei – warum wird diese umfassende Missbilligung nicht von den Staaten zur Kenntnis genommen und beachtet? Vielleicht halten sie ihre Staatsbürger für unmündig und gerade gut genug dazu, das Getue und die sublimierenden Lügen der Werbung zu schlucken. In diesem Falle scheint sich der Staat den Mantel des aufgeklärten Lehrmeisters umzuhängen, der seinen Bürgern wohltuende Neuerungen auferlegt, von denen sie nichts wissen. Man stellt sich das »Später werdet ihr mir noch dankbar sein« des Vaters gegenüber seinen Kindern vor. All dies zeigt die Grenzen und die Zusammenhanglosigkeit der Gesellschaft, die wir gewählt haben. Selbst das allgemeine Wahlrecht als Fundament der Demokratie macht es heutzutage möglich, uneindeutige, extremistische oder tyrannische Kräfte auf demokratische Weise zu stützen oder an die Macht zu bringen. Eine merkwürdige Wendung der Dinge.

## Die Bürger können wieder das Bewusstsein ihrer Macht gewinnen

Unser Alltag ist ein Wechselspiel aus Angst und Amnesie und wir fristen ihn im Rhythmus der verschiedensten Arten industrieller Unterhaltungsproduktion ziemlich teilnahmslos, gleichsam wie auf einem Karussell, auf dem allerdings der Trübsinn, den die Medien mit viel Professionalität ausscheiden, den Ton angibt. Ich frage mich daher, ob selbst die zahllosen Ausführungen über klimatische Störungen nicht längst schon zum alltäglichen Menü des Bürgers gehören und die wesentlichen Fragen banalisieren. Die meisten Bürger schützen ihre Unfähigkeit zu handeln vor und lehnen jede Verantwortung für den Staat ab, der selbst Teil der Zusammenhanglosigkeit und Widersprüche einer Gesellschaft ist, die abgesehen vom grenzen- und maßlosen Konsum weder weiß, was sie will, noch wohin sie will. Wenn die Bürger kein Bewusstsein ihrer Macht haben, dann heißt das, dass die Demokratie in großer Gefahr ist, da sie doch gerade auf der Macht des Volkes gegründet ist. Das ist zumindest das, was ich verstanden habe.

Ich denke allerdings ganz im Gegenteil, dass es Zeit ist für einen jeden von uns, die Macht über seine Existenz wieder zurückzugewinnen und eine Politik der Taten in sämtlichen Bereichen des Alltags zu begründen: Einkäufe, Reisen, zwischenmenschliche Beziehungen, Kindererziehung, Wohnung etc. Die Lösung besteht nämlich nicht darin, zu glauben, dass strukturelle Veränderungen, Bereitschaft zu ökologischem Handeln oder die Verbreitung der biologischen Landwirtschaft die Menschheit retten werden. Wir können Bioprodukte essen, unser Wasser aufbereiten, mit Solarenergie heizen – und unseren Nächsten dennoch ausbeuten! Das ist keineswegs unvereinbar! Einzig die individuelle Bewusstseinsveränderung wird uns retten. Es ist notwendig, jedermann von dieser Notwendigkeit zu überzeugen, freiwillig die eigene Veränderung ins Auge zu fassen.

Daher denke ich, dass es jenseits von Kategorien, Nationalismen, Ideologien, politischen Spaltungen und all dem, was die uns allen gemeinsame Realität zerstückelt, an der Zeit ist, zum Aufstand und zum Schulterschluss unserer Gewissen aufzurufen, um die besten Kräfte der Menschheit zu bündeln – und sich dem Schlimmsten entgegenzustemmen. Offenkundig ist dies heute angesichts des Ausmaßes der Bedrohung, der unser aller Schicksal ausgesetzt ist und die im Wesentlichen unseren gewaltigen Übertretungen geschuldet ist, notwendiger denn je. Das »Gewissen« ist wahrscheinlich jener intime Ort, an dem jeder Mensch in aller Freiheit das Ausmaß seiner

Verantwortung gegenüber dem Leben ermessen und sein Handeln so ausrichten kann, wie es ihm von einer wahrhaftigen Ethik des Lebens eingegeben wird – ein Handeln für sich selbst, für seine Mitmenschen, für die Natur und für die zukünftigen Generationen.

## Die Sinfonie der Erde

Wenn es für den Versuch, den dramatischen Lauf der Dinge umzukehren, unabdingbar ist, zunächst die Welt zu verstehen, wie wir sie politisch, wirtschaftlich und gesellschaftlich geschaffen haben, dann müssen wir gleichfalls die uns eigene subjektive und poetische Dimension neu interpretieren. Ehe die Welt verändert wird – muss sie nicht vielmehr wiederverzaubert werden? Sollten wir sie nicht vielmehr lieben und bewundern, um so die Energie zu finden, uns um sie zu kümmern? Es ist diese tiefe Liebe zu dem, was ich die »Sinfonie der Erde« nenne, die mich unabhängig von alarmierenden Befunden über gegenwärtige und zukünftige Katastrophen dazu veranlasst, an der Umsetzung von Lösungen zu arbeiten. Denn eine Ökologie, zu der nicht diese Idee der universellen Harmonie gehört, läuft Gefahr, in der Welt der elementaren Phänomene verhaftet zu bleiben, dem Bereich der einschlägigen wissenschaftlichen Beobachtung, zum Nachteil des fundamentalen Grundsatzes – nennen wir ihn mit aller Vorsicht »spirituell« –, der diese gewaltige Intelligenz repräsentiert, welche die gesamte Wirklichkeit regiert. Wenn ich die Schönheit der Schöpfung in mir aufnehme, ist es wahrscheinlich diese Sinfonie, die mich in Herz und Seele berührt; eine Sinfonie, bei der ich selber ein kleines Instrument bin, das durch meine Verzauberung, meine Bewunderung die Existenz einer höheren Ordnung offenbart, die unwandelbar und nicht zu beeinträchtigen ist.

Wenn sich die Menschheit nach wie vor weigert, diese fundamentale Dimension anzuerkennen, und weiterhin nur eine falsche Note innerhalb der Partitur sein will, riskiert sie unvermeidlich einen unwiderruflichen Ausschluss. Denn das Universum wird sich nicht den Wünschen des Menschen fügen, sondern am Menschen ist es, seine Wünsche an das Universum anzupassen. Der Mensch, der seine absolute Souveränität über die Wirklichkeit behauptet, ist ein Unding. Von seinem Raum aus, auf den er sich physisch, mental und psychisch beschränkt, denkt er die Welt. Er nimmt den Teil, der seinen Mikrokosmos darstellt, für das Ganze. Er stützt sich auf ein von Natur aus begrenztes Denken und will mit ihm das Unbegrenzte erfassen, wobei er diesen Widerspruch nicht einmal wahrnimmt. Vielleicht macht ihm die Komplexität der Natur Angst, denn sie fügt sich nicht seinen Launen. Und genau dagegen hat der Mensch in der Technologie eine Aktivität erfunden, in der sein Schöpfungsakt sich vollständig entfalten und ihm das Gefühl von Macht geben kann. Das ist vermutlich genau das, was die Technologie so berauschend und attraktiv macht, weshalb sie so viel Aufmerksamkeit auf sich zieht. Aber die Natur ist ihrerseits widerspenstig, und zu glauben, sie sei beherrschbar oder beherrscht, ist ganz einfach kindisch.

Daher ist die Ökologie als Prinzip nicht auf einen einfachen Parameter zurückzuführen, der ihre Wirklichkeit ausmacht. Sie ist vielmehr die fundamentale Realität, ohne die nichts anderes sein kann. Die Ökologie muss ein Bewusstseinszustand werden, nicht eine Disziplin, die Entscheidungen, Planungen, restriktive oder repressive Gesetze verlangt. Sicher, man muss in der dringlichen Situation, in der wir uns befinden, Entscheidungen fällen, um den Schaden zu begrenzen. Doch wir werden eben nichts weiter als Schadensbegrenzung erreichen, solange wir nicht endlich das Ausmaß des Problems bedenken, bei dem nichts weniger als das Überleben oder das Auslöschen des Menschen auf dem Spiel steht. Sich dieser augenfälligen Tatsache nicht bewusst zu sein, ist im höchsten Maße gefährlich. Sich des Unbewussten bewusst zu werden, das ist von jetzt an der entscheidende Punkt, sofern wir eine Zukunft wollen für uns, für zukünftige Generationen und für die unzähligen Kreaturen, die zu Opfern unserer aufdringlichen, übertriebenen und gewalttätigen Mitbewohnerschaft wurden. Ein universeller Humanismus ist kaum ohne eine tiefgreifende Reform unserer Denkweise und unseres Verhaltens vorstellbar.

## Wir Säugetiere und das Feld der Ökologie

Die über den bloßen Anschein hinausgehende, wirklich gelebte und als solche wahrgenommene Ökologie bedarf einer wesentlich tieferen Lesart. Um einen Zugang zu dieser Wahrnehmung zu finden, müssen wir uns zuallererst von der Vorstellung befreien, dass die Säugetiere, die wir ja sind, neben der Natur existieren. Die Ökologie zeigt den Zusammenhang, die Interaktion und die gegenseitige Abhängigkeit alles Lebendigen in all seinen Formen und in seiner Gesamtheit. Der Bereich der Ökologie kann nicht nur auf den Planeten Erde beschränkt werden, er um-

fasst den Kosmos, ja sogar das Universum. Die Interakti-
vität umfasst Einflüsse von Sonne, Mond und Sternen –
ein unendliches »energetisches und vibrierendes Bad«. In
dieses Bad ist der Planet Erde eingetaucht, als Empfänger
und Sender zugleich. Alles ist in allem, nichts ist getrennt
vom anderen. Die moderne, höchst verfeinerte Wissenschaft, die das subtile und zugleich riesige Feld der Materie
und Energie erforscht, stimmt mit einigen großen Traditionen sowie mit der Ahnung der Quasi-Totalität der indigenen Völker überein, für die Vielfalt, Zusammenhalt und
Zusammenhang aller Elemente, die das Leben ausmachen,
eine Evidenz sind. Die irdische Sphäre, vom Weltraum betrachtet, wird als ein vollständig eigenständiger Organismus wahrgenommen, der von einem Pol bis zum anderen
aus ineinander übergehenden Elementen besteht. Fragmentierung als Prinzip scheint also keine Grundlage der
Wirklichkeit zu sein. Selbst das darwinistische Schema
des Kampfes der Arten, betrachtet man es mit größtmög-
licher Objektivität, scheint nicht den Zusammenhang
des lebendigen Systems infrage zu stellen. Die scheinbare
Gegnerschaft, die man unter Tieren beobachten kann,
die sich gegenseitig auffressen, bedeutet keineswegs
Teilung, sondern im Gegenteil Bewahrung von Einheit,
Kontinuität und Fortbestand eines globalen Prinzips. Das
Leben will um jeden Preis fortbestehen und lässt sich
Strategien »einfallen«, die manchmal vor Intelligenz nur so
strotzen, um diesen Anspruch aufrechtzuerhalten. Unser
eigener Körper ist, für sich genommen, ein Universum,
das, sofern wir darauf achten, diese Ordnung der Dinge
bezeugt. Es handelt sich nicht um eine »biologische
Mechanik«, sondern um eine feinsinnige Beschaffenheit
von Organen, die von einer vereinenden, harmonisierenden Energie geleitet werden. Wir entdecken, dass alle Or-

gane im Auge, im Fuß, in der Hand und dem Ohr repräsentiert sind. Es handelt sich um ein sensibles Baumdiagramm, untereinander verbunden und unteilbar. Manche Krankheiten entstehen durch eine Störung der harmonisierenden Energie. Auch im Bereich der Psyche führt die Wiederherstellung und Pflege der Einheit zu Wohlbefinden.

## Ewige Freude,
## von der Kindheit bis ins Alter

Im Herzen der Cevennen, wo ich dies schreibe, empfinde ich jeden Tag aufs Neue Freude an der Natur und bin ihr gegenüber dankbar. Wenn der anbrechende Tag heiß zu werden verspricht und die Sonne auf die Erde herniederbrennt, verharrt alles in Unbeweglichkeit. Die Bäume, die blauen Berge, die Felsen, die Landschaft, der Himmel, der Obst- und Gemüsegarten, der sich unter meiner Terrasse erstreckt – alles ist gleichsam wie im Tiefschlaf gefangen. Ich empfinde tiefe Freude, wenn ich die Rufe der Raubvögel und der Nachtvögel höre, bald aus der Ferne, bald aus der Nähe. Ich fühle mich geehrt, sie als Nachbarn zu haben; glücklich mit ihnen und mit den anderen stilleren Kreaturen, die unauffällig die mein Haus umgebenden Eichenwälder bevölkern. Wenn beim ersten Morgengrauen das Licht am Horizont dem Stern vorausgeht, der es bewirkt, und dann der Vollmond noch am Himmel steht, scheint es für einen Augenblick so, als ob er dort reglos im Blau des Himmels innehalte. Die gleichzeitige Anwesenheit des lohenden Gestirns, das nun aus der finsteren Nacht hervortritt, des bleichen Planeten und des lebendigen, der uns beherbergt, ist ein vorzüglicher Augenblick, der uns viel lehren kann. Er zeigt nämlich die kosmische Konfiguration, worin unsere eigene Wirklichkeit auf höchst greifbare Weise eingeschrieben ist. Das bewirkt die Erweiterung des Geistes wie auch eine tiefe und stille Freude.

Einst, als ich der kleine Junge aus der Wüste war, lag ich an einem glühend heißen Tag mit dem Rücken auf der Terrasse unter dem offenen Himmel. Gleichsam unbewusst so daliegend konnte ich mit bescheidener, selbstbewusster Freude das Himmelsgewölbe, gleichsam übersät mit Goldstückchen, bewundern, während ich über den Schlaf der Kinder wachte, die mir anvertraut waren. In einen ruhigen Traum verfallend gelangte ich in meiner Unschuld, ohne es zu wissen, zu den Himmelsgeschöpfen, den mystischen Dichtern oder den geistig Armen; denen, die nach langer Beobachtung zu Astronomen geworden sind, die astronomische Konstellationen und den Takt angeben konnten und die Zeit mit ihren Kalendern erfanden, doch auch Astrologen, für die das Geschick der Menschheit durch die Gestirne und Katastrophen vorherbestimmt war. Erfüllt von einer elementaren Mythologie glaubte das schweigende Kind, das ich war, angesichts bösartiger Engel sehr an Schutzgötter. Beide Wesen lieferten sich titanische Kämpfe, benutzten Sternschnuppen als Wurfgeschosse, mit denen sie das Firmament angriffen wie mit feurigen Speeren. Angesichts dieser Heldentaten der unsichtbaren Himmelsfürsten blieb den Menschen als den Opfern dieser unaufhörlichen Kämpfe nur das Gebet und das beschwörende Anrufen jener allmächtigen Gottheit, um einen Ausgang des Kampfes zu verhindern, der ihnen verhängnisvoll wäre. Lange schon von einer als Scheibe betrachteten Erde aus beobachtet war der Himmel jenes gewaltige Feld, auf dem Mythologie, Wissenschaft, Poesie und Mystik untrennbar schienen. So haben sämtliche berühmte Menschen, die die Geschichte auf den Kopf gestellt haben (wie der Buddha, wie Jesus, wie Mohammed), und unzählige Unbekannte, die den Fluss des menschlichen Lebens ausmachen, seit den Anfängen denselben Himmel bewundert wie auch wir. Die Zeit, die einem jeden von uns bemessen ist, wird so doch recht kurz.

## Die Natur, aus dem Blickwinkel der Gelehrten betrachtet

Doch ach, der Mond, den das Kind so liebte, ist nichts als Staub und Felsen, wie ihm die Gelehrten berichteten. Der Realismus kam als Einschnitt in die Welt, um uns aus dem jahrtausendealten Entzücken zu reißen, und der Himmel war mit einem Male entvölkert. Die objektive Erkenntnis hat uns vom Obskurantismus und einer zügellosen Scheinwelt befreit, die mit der Göttin Vernunft, die ihren stählernen Thron bestiegen hatte, unvereinbar war. Die Wissenschaft gab sich die Mission, sämtlichen Aberglauben in einer Bartholomäusnacht der Vernunft zu verfolgen und zu geißeln. Die Astrophysiker haben uns seither ein Universum gelehrt, dessen Grenzen unsere Vorstellungsfähigkeit übersteigt. Und in dieser Unendlichkeit werden selbst die stattlichsten Himmelskörper lächerlich. Alles ging in einem unerforschten Abgrund zunichte, der weder oben noch unten hat, weder Himmelsrichtungen noch eine begreifbare Gestalt. Wir erfahren, dass all dies als Ergebnis einer anfänglichen Verbrennung entstand, gefolgt von einer langen Zeit, da nichts als Chaos war, ehe es zu einer funktionierenden Ordnung kam, mit der gleichen Unerbittlichkeit wie ein Uhrwerk: eine »Himmelsmechanik«. Dennoch müssen wir die verloren gegangene Verzauberung wieder herstellen, wenn wir der Einkerkerung von Geist und Fantasie entgehen wollen. Denn diese von Sternen in unendlicher Zahl bevölkerten Galaxien sind in Wahrheit eine Choreografie. Alles im Universum ist nichts als Choreografie, doch wir kennen den Choreografen nicht. Eigensinnig hält er sich in den Kulissen auf und erscheint nie auf der Bühne des Theaters, das er errichtet hat. Unser Sonnensystem ist von winzigen Ausmaßen in der Milchstraße. Zeit und Raum beachten unsere Jahrhunderte und Jahrtausende nicht, alles bemisst sich nach Lichtjahren.

Wie kann man nur angesichts der Bedeutungslosigkeit, die unserem Schicksal innerhalb dieses sinnlosen Taumels zukommt, nicht dankbar sein für das wache und hellsichtige Bewusstsein mancher Gelehrter? Frei von jeglicher Anmaßung, das große Mysterium zu erhellen, haben sie uns Anteil nehmen lassen an ihrer eigenen Unwissenheit und Unsicherheit, wobei sie aus tiefer Überzeugung die Einheit der Wirklichkeit bekräftigt haben, die bereits von vielen Völkern gespürt wurde, und sie haben uns in diese Einheit wieder einbezogen. Wir wären, in der Sprache der poetischen Wissenschaft, Sternenstaub, lebendige Wesen aus Urmaterial. Wir wären keine Fremden in dem riesigen Land, Universum genannt, vielleicht aber der Samen eines Bewusstseins, das es braucht, um sich seiner selbst bewusst zu sein (wenn diese nicht zu verifizierende Hypothese stimmt, sollten wir uns vorsehen, denn wir neigen nur allzu oft dazu, daraus irgendeine absurde Selbstgefälligkeit abzuleiten).

Bewusstsein zu haben, hieße das nicht vor allem anderen, zu lieben, sorgsam zu sein, zu staunen? Und unbewusst zu sein, hieße das nicht, all das zu zerstören und zu entweihen, was in Reichweite unserer Hände und weit entfernt von unserem Herzen liegt?

## Im unendlichen Maßstab denken

Diese kleine Meditation führt zu einer unumgänglichen Frage. Wenn das ganze Sonnensystem selbst nur ein bescheidener Teil einer Galaxie unter unzähligen Galaxien ist, was ist dann mit unserem Planeten? Ist er etwas unendlich Kleines, ein homöopathisches Körnchen in einer gigantischen Ansammlung lauter Fußbälle? Noch viel weniger als das. Und mitten drin wir, nach dem Taumel des unendlich Großen nun eingetaucht in das unendlich Kleine, bis hin zum Atom, das selbst noch teilbar ist. Jedenfalls konnte der Mensch von heute, nachdem er den Mond betrachtet hat, die Füße fest auf der Erde, dank seiner Fähigkeiten zum ersten Mal in seiner Geschichte die Erde vom Mond aus betrachten. Doch diese außerordentliche Umkehrung, die das Feld des Wissens vergrößerte – hat sie eine tatsächliche Wirkung auf das Bewusstsein gehabt? Wir dürfen es bezweifeln. Man kann sich den Blick der Astronauten hin zur Mutter Erde vorstellen, die in ihren Spiegelungen, ihren verschwimmenden Farben mit dem vorherrschenden Blau wie ein wahres Juwel am Firmament hängend leuchtet. Man kann sich, bei aller Befriedigung, eine derartige bis dahin unvorstellbare Tat vollbracht zu haben, vorstellen, wie diese Erdenbewohner von Angst beschlichen wurden. Denn vom Standpunkt, den sie hatten, erschien der Planet Erde mit gewichtiger und strahlender Evidenz als die einzige kleine Lebensoase, die wir in der unermesslichen astralen Wüste kennen. Diese kalte und abweisende Wüste zeichnet sich in aller Maßlosigkeit von Raum und Zeit umso deutlicher ab. Was bedeutet da noch der Mensch, der sich durch diese seine Tat verherrlicht, die ihm so viel Wissen, Geschick und materielle Mittel gekostet hat? Eine Leistung, aus der er legitimen Stolz bezieht, solange er die Füße auf der Erde hat, die aber sehr relativ wird, wenn sie am Unendlichen gemessen wird. Unsere in den Weltraum geschickten Delegierten haben vielleicht den gleichsam absurden Charakter dieses Gefühls gespürt. Sie hatten irgendwie vermocht, den nahen, leblosen und unbewohnbaren Rand unserer Lebenssphäre zu erreichen, die damit ihrerseits zu einem zerbrechlichen Boot geworden war, permanenten Meutereien einer Handvoll Menschen ausgesetzt, die ohne Kompass fuhren. Diesen Menschen scheint das Universum keine Beachtung zu schenken.

Vielleicht versuchen wir, dieses Gefühl der Verlassenheit und Ohnmacht angesichts eines unerbittlichen Schicksals zu bannen, das gezeichnet ist mit dem Siegel der Endlichkeit; einer Endlichkeit, gegen die weder Waffengewalt, Dollar-Milliarden noch Prestige etwas vermögen. Hier ist kein Vorrecht mehr, keine Vergünstigung, nur das erbarmungslose Schicksal, das von einer ungewissen Erinnerung und einigen Monumenten und Relikten überlebt wird, die die unermessliche Stille unter Jahrtausenden begraben wird. Kaiser, Könige, Potentaten aller Art, Arme oder Milliardäre, große oder kleine Menschen – alle vergehen im unergründlichen Schlund des Vergessens. Nichts ist von gleicher Bedeutung wie diejenige, die wir uns selber zu geben versuchen. Ich habe sagen hören, dass die russischen und amerikanischen Raumfahrer, vereint für ich weiß nicht wie lange und geläutert durch ihre außer-

ordentliche Erfahrung, sich wegen der Nichtigkeit ideologischer, politischer und religiöser Streitereien unter den
Menschen grämen – angesichts einer Wirklichkeit, die
doch die tiefste und entschlossenste Solidarität bewirken
sollte. Es wäre gut für uns, würden wir ihrem Beispiel
folgen, mit beiden Beinen fest auf der Erde.

## Die von der ökologischen Landwirtschaft vorgeschlagenen Lösungen

### Vom Recht und von der Pflicht der Völker, sich selber zu ernähren: Landwirtschaft, die wichtigste lebenserhaltende menschliche Tätigkeit

Nach der jahrtausendealten agrarischen Zivilisation, die die Menschen nahe ihrer Lebensquelle hielt, hat die Zivilisation, die dem Erz gewidmet ist (der toten Materie!), sie nun davon entfernt. Die ernährende Erde ist heute das am meisten missachtete Element; der großen Mehrheit der Wissenschaftsgemeinschaft, den Intellektuellen, Politikern, Künstlern, Klerikern und dem Volk im Allgemeinen weitgehend unbekannt. Dennoch ist die uns ernährende Erde das erste Prinzip, ohne das nichts anderes sein kann. Daher müsste es legitimerweise zum Gegenstand unserer Wachsamkeit und unseres Schutzes werden. Doch es herrscht eine merkwürdige und gefährliche Ignoranz in der über alles – außer über das Wesentliche – überinformierten Gesellschaft. Ein internationaler Streik der Erdarbeiter würde allen die Unterscheidung zwischen dem Unerlässlichen, dem Notwendigen und dem Überflüssigen vor Augen führen. So wird die Erde, der lebendige Organismus, dem wir das Leben und das Überleben verdanken, wie eine Kurtisane den Geldverdienern und der Inkonsequenz der Industriellen preisgegeben, die die Integrität der Erde beschädigen, indem sie sie zum Substrat reduzieren, das dazu ausersehen ist, chemische Erzeugnisse und synthetische Pestizide aufzunehmen, deren negative Folgen für die Gesundheit längst nachgewiesen sind. Eine Landwirtschaft, die nicht

produzieren kann, ohne zu zerstören, trägt den Keim der
Selbstzerstörung in sich.

## Die Notbremse wurde schon vor Langem gezogen: Osborn, Rachel Carson und ›Nature et Progrès‹ in den 1960er-Jahren

Über die uneinnehmbare Bastion der Agrochemie hat man
viele Überlegungen, Forschungen und spannende Expe-
rimente angestellt. Diese Bastion wird von einer starren
akademischen Haltung verteidigt, die im Korsett ihrer
technischen und wissenschaftlichen Gewissheiten allein
in Mustern der wirtschaftlichen Rentabilität denkt.

In dieser Zeit haben einige echte Wissenschaftler
die Notbremse gezogen, um der menschlichen Gemeinschaft die gefährlichen Überschreitungen zu verdeutlichen, derer sie sich zu ihrem eigenen Nachteil schuldig
gemacht hat. Um nur zwei zu zitieren, denke ich vor allem an das bemerkenswerte Werk von Henry Fairfield
Osborn jr. mit dem Titel *Our plundered Planet – Unser ge-
plünderter Planet* (1949), das von Autoritäten wie Albert
Einstein und Aldous Huxley gepriesen wurde. Osborn,
ein Wegbereiter der Ökologie, hob die Diskrepanz
zwischen dem Verhalten des Menschen und der Wirklichkeit der Natur hervor, was er in dem einleitenden Satz
zusammenfasste: »Die Menschheit riskiert durch ihren
unablässigen und universellen Kampf gegen die Natur
ihren Untergang, mehr als durch irgendeinen Krieg.«

Mit Bezug auf die Landwirtschaft muss ebenfalls auf
das Werk von Rachel Carson hingewiesen werden: *Silent
Spring – Der stumme Frühling* (dt. 1962). Es stellte die Ergeb-

nisse einer Untersuchung vor, die von einer amerikanischen wissenschaftlichen Kommission durchgeführt wurde, um die Wirkung und die Folgen von Pestiziden zu bewerten. Die Erkenntnisse waren mehr als alarmierend: Die Pestizide wurden als Katastrophe für die natürliche Umgebung dargestellt, für die Erde, die Gewässer, die Fauna und die öffentliche Gesundheit. Unser Frühling würde zusehends schweigsamer, prophezeite Rachel Carson; die Vögel, die ihn verzauberten, würden durch die alles überwältigenden Gifte vernichtet. Carsons Buch schlug damals ein wie eine Bombe, wurde bald jedoch erstickt durch Blindheit und Taubheit, den zwei Brüsten der Ideologie des »Immer mehr«.

Zeitschriften wie *Nature et progrès* kamen in den 1960er- Jahren auf; sie lieferten Informationen, Lehren und Zeugnisse eines Netzwerks von Produzenten und Konsumenten, die das Gleiche wollten. Das Netzwerk blieb trotz allem einigermaßen randständig, fast vertraulich. Trotzdem war es die Urzelle einer Minderheitenströmung, die zum Handeln entschlossen war. Es wurde staatlicherseits missachtet und ignoriert, oft auch bekämpft von den Verfechtern der herrschenden Ackerbau-Ideologie. Daraus wurde am Ende dennoch eine gleichsam permanente Aufforderung, die an Entscheidungsträger und die öffentliche Meinung gerichtet war. Das erwähnte Netz wurde zugleich angeklagt, eine Gefahr für die Landwirtschaft darzustellen, deren Leistung hauptsächlich in ihrer Heilsmission bestand: Mangel und Hungersnöte vom Erdboden zu tilgen. Wie schon im Fall der Ideologie des Fortschritts oder des gerecht verteilten Wohlstands sind die ernsthaften Überzeugungen und edelmütigen Absichten der Menschen, die diese Systeme geschaffen haben, nicht in Zweifel zu ziehen. Nur leider werden diese Absichten im Rahmen von Positionen verfolgt, deren irrige Grundlage oder mythologischer Charakter erst *a posteriori* erkannt werden konnten – zu den großen Unwägbarkeiten in unserem Leben zählen eben Irrtum und Illusion, die menschlich sind, wie umfangreich unser Wissen auch sein mag. Nicht nur dass der Hunger in der Welt nicht beseitigt wurde, durch ökologische Umstände und wirtschaftliche Mechanismen, die wir bereits dargestellt haben, wurde er sogar noch größer.

**Es gab schon weitere Ansätze.**
**Die Schulen der neuen Ökologie:**
**Steiner, Pfeiffer, Indore,**
**Howard, Boucher, Bernard, Delbet.**

Trotz mancher Unterschiede in den Standpunkten einigten sich alle Aufrührer auf das Prinzip einer Ackerbaukunde und einer Landwirtschaft, die auf aufmerksamer Beachtung natürlicher, universeller Phänomene beruhte. Auf Grundlage dieser Haltung entstanden unterschiedliche Theorien und Methodologien. Es bildeten sich Schulen, die ihre Lehre von ihren eigenen Referenzen ableiteten, mit jeweils eigenen Anwendungen. Auf diese Weise entstanden Ansätze – um sie nur kurz zu zitieren – wie die biologisch-dynamische Landwirtschaft Rudolph Steiners, dargestellt in seinem *Landwirtschaftlichen Kurs* von 1924, bald darauf gefolgt von Ehrenfried Pfeiffers *Die Fruchtbarkeit der Erde, ihre Erhaltung und Erneuerung* (1938) und Albert Howards *Landwirtschaftliches Testament* (1940), das auf der ohne Pestizide auskommenden *Indore-Mischung*

des englischen Forschers beruhte, schließlich die Metho-
de Lemaire-Boucher (1962/63, nach Raoul Lemaire und
Jean Boucher), die von den Arbeiten Claude Bernards in-
spiriert war; in neuerer Zeit die Methode von Hans Peter
Rusch und Hans Peter Müller aus der Schweiz, in dem
Werk *Bodenfruchtbarkeit* (2004) dargestellt, aber auch das
Werk des Japaners Masanobu Fukuoka *Der große Weg hat
kein Tor* (2013) und nicht zu vergessen die Arbeit meines
Freundes Claude Aubert *L'Agriculture biologique* (1972) sow-
ie die Arbeiten von André Birre.

## Diese Arbeiten müssen logischerweise Lösungen zur Folge haben, die das Schlimmste vermeiden

Diese Werke sowie meine eigene Erfahrung weisen darauf hin, dass es keine Zukunft der Ernährung gibt ohne
eine Politik, die auf der Verteilung der Produktion auf
das gesamte bestellbare Territorium beruht. Das scheint
mir möglich zu sein durch die Anwendung dessen, was
ich »ökologische Landwirtschaft« nenne, die überall eine
gesunde und ausreichende Ernährung ermöglichen
würde; mit direktem Zugang für alle Bürger in direkter
Nachbarschaft, ohne die endlosen Transporte. Das müsste
Teil der großen nationalen und internationalen Optionen
sein. Lokal zu produzieren und zu konsumieren, wobei
seltene Früchte getauscht werden, müsste zur universellen Parole werden. Daher müsste eine Landwirtschafts-
politik (eigentlich: Bodenpolitik) begründet werden, die
die uns nährende Erde, das Wasser, das Saatgut, die Kenntnisse und das Können als unveräußerliches Allgemein-

gut berücksichtigen. Die Raumordnung müsste bevorzugt auf der Bewahrung der lebenswichtigen Güter beruhen.

## Den eigenen Garten zu kultivieren, sofern dies möglich ist, wird auch zu einer politischen Tat

Wenn man einen Gemüsegarten anlegt, ist das ein legitimer Widerstand gegen eine Logik des Monopols, die auf streng lukrativen und dennoch zufälligen Kriterien fußt. Ein neuer Vorrat an Ressourcen muss geschaffen werden. Und sämtliche Maßnahmen zum Schutz, zur Sanierung und Verbreitung der absolut lebensnotwendigen Ressourcen müssten wie eine staatsbürgerliche Handlung unterstützt und entsprechend behandelt werden. Denn jenseits von kaufmännischen Erwägungen tragen sie Sorge für das Überleben der Menschheit, mit Mitteln, die sie seit ihren Ursprüngen entwickelt hat. Die Ressourcen gehören zum Erbe der Menschheit von gestern, heute und morgen und können nicht ohne materiellen und moralischen Schaden für die gesamte Menschheit zerstört, konfisziert oder an den Rand gedrängt werden. Dies sind jedenfalls die Motive meines Engagements und des Aufstands meines friedlichen und entschlossenen Gewissens.

## Die ökologische Landwirtschaft:
## Die beste Wahl für ein menschliches Projekt

Die ökologische Landwirtschaft richtet sich nach den Gesetzen der Natur. Sie achtet darauf, dass die landwirtschaftliche Praxis sich nicht auf eine Technik beschränkt, sondern das gesamte Milieu im Blickfeld hat, dem sie dank einer wahrhaftigen Ökologie angehört. Dazu gehören auch Fragen des Wassermanagements und der Wiederaufforstung, der Kampf gegen Erosion, die Biodiversität, das Problem der Klimaerwärmung, das Wirtschafts- und Gesellschaftssystem, das Verhältnis von Mensch und Umwelt. Die ökologische Landwirtschaft beruht auf der Neubildung von Humus als Erneuerungskraft der Böden und auf der Veränderung der Kette von Produktion-Verarbeitung-Verteilung-Konsum als treibendes Element eines neuen gesellschaftlichen Paradigmas [vgl. vor allem die ökologische Erfahrung in Gorom Gorom (Burkina Faso), in: L'Offrande au crépuscule, Éditions Harmattan].

Sobald die ökologische Landwirtschaft und die biologische Kultur zu Schlüsselbegriffen von weltumspannender Bedeutung werden, haben sie auch nichts mehr mit der Rückschrittlichkeit zu tun, die ihnen manche anhängen wollen. Als Schlüsselbegriffe sind sie vielmehr darauf angelegt, das Überleben zu sichern, wobei das Leben in all seinen Formen geachtet wird. Es geht schlicht und ergreifend darum, die Errungenschaften der Moderne in den Dienst der Menschen zu stellen: neue Strukturen im menschlichen Maßstab zu erschaffen, Mikroökonomien und Handwerk aufzuwerten, die Organisation von Grund und Boden zu überdenken, die Kinder nach den Werten der Zusammenarbeit zu erziehen und ihre Sensibilität für die Schönheit und für die Achtung des Lebens zu erwecken. Das impliziert einen Prozess, der nicht unzumutbar und auch nicht ungerechtfertigt ist. Wir können die wirtschaftliche Diktatur nur verschwinden lassen, wenn wir uns immer besser organisieren, um nicht mehr von ihr abhängig zu sein. Es geht nicht darum, autark zu sein, sondern autonom und offen für andere Autonomien. Daher ist die Veränderung unserer Aktivitäten unerlässlich. Die zu erwartenden Vorteile wären zahlreich: eine Nahrungssicherheit, die auf Gegenseitigkeit und Tausch in der Nachbarschaft gegründet ist, eine geringere Abhängigkeit von Produktions-, Verteilungs- und Transportmonopolen, individuelle Verwurzelung in einer natürlichen, regenerierten und instand gehaltenen Umgebung, eine Lebensweise auf der Grundlage von Kooperation anstatt zerstörerischer Konkurrenz; insgesamt eine Politik, die sich an den Bedürfnissen und den Erfahrungen der Bürger orientiert.

## Aufstand des Gewissens durch ökologische Landwirtschaft als Basis der gesellschaftlichen Veränderung?

Die ökologische Landwirtschaft scheint gegenwärtig die einzige, realistische Alternative für den Norden wie für den Süden zu sein.

Tatsächlich war der Triumph der Agrochemie lange Zeit eine Tatsache, eine quasi dogmatische Norm, die man nicht in Zweifel ziehen konnte, ohne von der konventionellen Landwirtschaft verfemt zu werden. Die »wunderbaren« Ergebnisse, die mit Mineraldünger und Pestiziden erzielt wurden, haben drei wesentliche Fragen verdeckt. Ein Wunder, das stimmt wohl, jedoch:

—— zu welchem energetischen Preis?

—— zu welchem ökologischen Preis?

—— zu welchem menschlichen Preis?

Ehrliche und klare Antworten auf diese Fragen hätten die weniger ruhmreiche Rückseite dieses Wunders an den Tag gebracht. Sie würden vermutlich außerdem eine ganze, in verschiedene profitable Sektoren aufgeteilte Organisation gefährden, die einen gewaltigen wirtschaftlichen Einsatz darstellt. Das Kalium-Dogma wurde unantastbar und totalitär. Die seit dem Aufkommen dieser Art von Landwirtschaft zu beobachtenden negativen Befunde machen die Infragestellung dieser Landwirtschaft indes notwendig, was aber nur klammheimlich geschieht. Nur sehr wenige Agrarwissenschaftler, im Schulterschluss mit einigen abtrünnigen Landwirten, haben die etablierten Regeln überschritten, indem sie die Landwirtschaft nach biologischen, ökologischen und menschlichen Kriterien durchdacht haben. Durch Einbeziehung der positiven Errungenschaften von Technik und Wissenschaft hat dieses Denken Anwendungsrichtlinien sowie eine Darstellung messbarer Resultate in Bezug auf ihre Effektivität vorgelegt. Dieses Denken hat auch die Auswirkungen auf unser Nahrungserbe miteinbezogen, mit dem Augenmerk auf Integrität, Vitalität und auf seiner Eigenschaft als Gemeingut für die Nachwelt. Dieses Vorgehen ist für diejenigen, die sich von höchsten Ansprüchen leiten lassen, mit einer impliziten wie auch expliziten Philosophie und Ethik verbunden. In einigen wenigen Fällen war dies der Quell eines biologischen Fundamentalismus, der sich auf metaphysische Sichtweisen stützte, gleichsam als Gegenreaktion auf einen wissenschaftlichen Fundamentalismus, der sich an seine materialistischen Gewissheiten klammerte. Solche Spaltung währte in weniger extremen Formen dennoch fort, die ständige Kontroversen zur Folge hatten – und der Ökologie sicherlich nichtförderlich waren.

## Der afrikanische Kontinent ist unermesslich reich an sämtlichen Ressourcen

Ein perfektes Beispiel für die Verirrung unseres Systems und die Macht, die eine alternative ökologische Landwirtschaft entfalten könnte, ist der afrikanische Kontinent. Sicher weist er einige klimatisch schwierige Bedingungen auf, doch seine Situation wird durch ein weltweites ungerechtes und arrogantes System verschlimmert, das krank vor lauter Korruption und Unehrlichkeit ist. Merkwürdigerweise gilt der afrikanische Kontinent in der allgemeinen Meinung als arm, wo er doch in Wahrheit unermesslich reich an Ressourcen ist, und vor allem reich an junger Bevölkerung, was auf dem Planeten selten geworden ist. Dieser Kontinent hat eine Fläche, die fast zehn Mal so groß wie Indien ist, mit einer Bevölkerung von fast einer Milliarde Menschen, was ihm im Vergleich zu anderen ein recht akzeptables Bevölkerungsverhältnis beschert. Außerdem handelt es sich um eine junge und potenziell sehr aktive Bevölkerung, von der sechzig Prozent jünger als dreißig Jahre sind. Dabei ist Afrika mit seiner Bevölkerung, die einem ungewissen Geschick entgegensieht und deren Überleben immer schwieriger wird, stellvertretend für die Lebensumstände einer immer größeren Anzahl von Menschen auf der Erde. Zu den genannten Schwierigkeiten, die dem Klima geschuldet sind, kommt eine weltweit verbreitete, grausame, ungerechte und arrogante Machtstruktur hinzu, gerade dieses Krebsgeschwür von Korruption, Unehrlichkeit und quasi legalen Veruntreuungen macht einen wütend. Dieses Verhalten, das zur Norm geworden ist, entehrt unsere Art durch seine Hässlichkeit und widerstrebt der Emanzipation der Menschheit. Doch wir wollen nicht vergessen, dass sich selbst in den reichsten Ländern Brutstätten für die schlimmsten Missstände finden: die gesellschaftliche Brandmarkung, das Klonen oder die Standardisierung des Denkens.

Aus all den genannten Gründen bin ich für einen Schuldenerlass, aber nur unter der Bedingung, dass auch die Korruption angegangen wird.

### Die ökologische Landwirtschaft: eine preiswerte Alternative, die den ärmsten Bevölkerungsschichten entgegenkommt, damit sie wieder Autonomie, Sicherheit und saubere Nahrung erhalten

Die ökologische Landwirtschaft hat die Fähigkeit, den Boden wieder fruchtbar zu machen, gegen die Versteppung anzugehen, die Biodiversität zu bewahren, den Einsatz von Wasser zu verbessern. Sie ist eine kostengünstige Alternative für die ärmsten Bevölkerungsschichten. Durch die Aufwertung der natürlichen und örtlichen Ressourcen befreit sie den Bauern von der Abhängigkeit chemischer Zusatzstoffe und von Transporten, die beide so sehr zur Umweltverschmutzung beitragen und für eine regelrechte

Choreografie des Absurden verantwortlich sind, in der anonym produzierte Nahrungsmittel jeden Tag Tausende von Kilometer gefahren werden, anstatt dass sie am Ort ihres Verbrauchs produziert werden. Die ökologische Landwirtschaft ermöglicht schließlich auch eine reichhaltige Ernährung, Garant für gute Gesundheit der Erde und ihrer Kinder.

Auf diese Weise den Notwendigkeiten für unser Überleben Rechnung zu tragen und das Leben in all seinen Formen zu achten, ist offensichtlich die beste Wahl, die wir treffen können, wenn wir nicht Hungersnöten ohnegleichen ausgesetzt sein wollen. Darauf reagiert die ökologische Landwirtschaft, so wie wir sie verstehen.

Indem sie auf einem ganzen Bündel von Techniken fußt, die auf natürlichen Prozessen wie dem Kompostieren, dem Verzicht auf das Pflügen des Bodens, dem Einsatz von pflanzlichen Düngemitteln und der Verbindung verschiedener Bodenkulturen beruhen, kurz: indem sie ihre überlieferten Anbaukulturen wiederbelebt und bewahrt, ermöglicht sie, dass die Bevölkerung wieder Autonomie, Sicherheit und saubere Nahrung erhält. Weil sie auf einem breiten Verständnis biologischer Phänomene beruht, die überall in der Biosphäre herrschen und im Boden ganz besonders, ist sie universell anwendbar.

Auf diese Weise kann eine wohlverstandene ökologische Landwirtschaft zur Grundlage gesellschaftlicher Veränderung werden. Sie ist eine Lebensethik, die eine andere Beziehung vom Menschen zu seiner Erde und seiner natürlichen Umgebung bewirkt und den bislang zerstörerischen und räuberischen Charakter dieser Beziehung beenden kann.

Sie ist viel mehr als eine simple landwirtschaftliche Alternative. Sie ist an eine tiefe Achtung vor dem Leben

gekoppelt und stellt den Menschen erneut in die Verantwortung für alles Lebendige. Weit über oberflächliche,
unbefriedigte Vergnügen hinaus lässt sie ihn wieder die
Schwingung der Verzauberung spüren, das Gefühl jener
ersten Wesen, für die die Schöpfung, die Geschöpfe und
die Erde vor allem heilig waren.

# Zweiter Teil

# Der Mensch

## Die menschliche Problematik am Ursprung menschlicher und ökologischer Unordnung

Laut Definition im Wörterbuch zählt zum Humanismus jede »Theorie oder Doktrin, die den Menschen und seine Entfaltung zum Zweck hat.« Wenn man sich an diese Definition hält, läuft man Gefahr, ein Missverständnis fortzuführen, das der konstruktiven Entwicklung unserer gemeinsamen Geschichte und unserer Beziehung zur Natur schädlich ist. Der Mensch hat sich den Status des Herrschers gegeben, der nach eigenem Gutdünken und Vergnügen über das Leben verfügen kann. Er hat diese Souveränität so sehr missbraucht, dass die gesamte Biosphäre mitsamt ihren Geschöpfen beschädigt wurde. Diese Überschreitung lässt sich in moralischen Begriffen benennen. Sogar die religiösen Doktrinen, die diese Herrschaft legitimiert haben, scheinen die immense Entweihung, die der Schöpfung angetan wurde, befördert zu haben – obwohl sie diese Schöpfung als göttliches und damit als heiliges Werk verkündet haben. Ein universeller Humanismus ist absolut unvereinbar mit so viel Verwirrung und Inkohärenz. Sind auch die Fähigkeiten und Taten des *homo oeconomicus* beträchtlich, fehlt es ihm doch an Intelligenz, um sie in den Dienst der Humanisierung zu stellen. In diesem Mangel an Hellsichtigkeit lauert die größte Gefahr für die unmittelbare Zukunft. Müssen wir also definitiv auf ein so ehrgeiziges Projekt verzichten, unter dem Vorwand, dass es durch die Natur des Menschen selbst unmöglich geworden ist? Müssen wir uns der Macht des Schicksals unterwerfen und uns mit den wenigen Möglichkeiten begnügen, die unseren Initiativen noch bleiben, um eine sehr unwahrscheinliche Humanisierung zu versuchen? Die Sache ist umso schwieriger, als ja alles mit dem Menschen selbst anfängt. Er ist selbst das Hindernis auf dem Weg zu seiner eigenen Befreiung. Wir sind konditioniert, in irrigen Kriterien zu denken! Es ist für uns so schwierig, das Leben außerhalb eines Rasters zu denken, das vom Willen zur Macht inspiriert ist – als erste Reaktion auf das, was die Experten als Urangst bezeichnen. Müssen wir uns also damit zufriedengeben, zu machen, was möglich ist, und dem Göttlichen oder einem wunderbaren Aufschrecken des Gewissens das Unmögliche überlassen?

Es schien mir unausweichlich, einige Verwechslungen anzuführen, die meiner Meinung nach dem Modell zugrunde liegen, das die Weltordnung beherrscht. Viele Missverständnisse halten weiter an und hindern uns daran, eine klare Sicht auf die Tatsachen von gestern und heute zu haben, um das Morgen besser ausrichten zu können. Wir arbeiten uns daran ab, Fehler zu korrigieren, anstatt den Problemen radikale Lösungen zukommen zu lassen, die der tatsächlichen Gefahr entsprechen, die sie darstellen.

# Der kranke Planet des Menschengeschlechts

Der Mensch ist erst spät in der Biosphäre aufgetaucht. Zunächst war er in der Minderheit unter den zahlreichen Kreaturen, die ihm schon lange vorhergingen. Physisch eher fragil im Vergleich zu den Arten, die besser für das Überleben ausgerüstet waren, hätte er bald schon wieder aussterben können, wäre er nicht mit Intelligenz ausgestattet, mit Bewusstsein, manueller Geschicklichkeit und, wie es scheint, einem besonderen Fuß, dem er den aufrechten Gang verdankt. Heute sind die Menschen in der Überzahl; sie haben ihre Kenntnis und ihr Wissen verbreitet und herrschen über alle anderen Arten, deren Lebensbereich sie durch fortgesetztes Eindringen beschneiden und auf tausenderlei Weise zerstören. Sie sind zu Raubtieren geworden, ohne sich als Räuber zu begreifen, und sie haben sich eine unlautere moralische Überlegenheit über die gesamte Schöpfung angemaßt. Die menschliche Spezies ist zugleich die einzige, die sich selbst vernichtet. Selbst die großen Affen, die uns am nächsten stehen und mit denen wir die Vorstellung von Blutrünstigkeit verbinden, sind friedliche Vegetarier, die sich gegenseitig nicht umbringen und keinen kriegerischen Instinkt außer dem Überlebenswillen haben. In einer auf Sicherheit um jeden Preis gegründeten Ordnung, die uns grausam vorkommt, sind alle »natürlichen« Übergriffe vor allem von dieser unerbittlichen Notwendigkeit bestimmt. Doch im Unterschied zum menschlichen Räuber-Beute-Verhalten frisst der Löwe die Antilope, weil seine Existenz davon abhängt, aber er verfügt weder über eine Antilopen-Bank noch über ein Antilopen-Lager, um damit Handel in Dollars zu treiben und seine Artgenossen auszuhungern. Jede Entnahme ist auf irgendeine Weise auf das Leben gegründet, das sich dem Leben hingibt, damit das Ganze weiterleben kann. In dieser Ordnung sind Leben und Tod keine Antagonisten, sondern Komplizen, die sich ergänzen, wie die beiden Pedale, ohne die das Fahrrad nicht vorankommen kann. Leben ist Bewegung; es besteht aus Geburt, Entfaltung, Reproduktion und Niedergang um neuer Geburten willen, und wir haben keine andere Wahl, als diese Regel anzunehmen, die auch uns betrifft, ohne dass wir ihren Zweck verstünden. Vielleicht ist es dieses Nichtverstehen, das wir zu vertuschen versuchen, allerdings ohne Erfolg – was der Grund für die Angst ist, die in uns wohnt. Denn trotz des Verstandes, des Bewusstseins und des freien Willens, über den wir verfügen, müssen wir doch die enorme Diskrepanz feststellen, die sich unablässig zwischen unserer Geschichte und den Grundlagen des Lebens auftut, obwohl nur sie unser Überleben garantieren können. Der Planet scheint krank zu sein wegen des Menschengeschlechts. Man kann diese Probleme lange erörtern, doch eine bohrende Frage bleibt: Warum haben wir der Erde, der wir unser Leben verdanken, den Krieg erklärt?

## Der Mensch:
## Eine große ökologische Katastrophe

Wenn man die Sache objektiv untersucht und die abwägbaren Konsequenzen in den Vordergrund rückt, kann der Einfluss des Menschen auf den Bereich des Lebens mit einer größeren ökologischen Katastrophe verglichen werden. Es handelt sich in einer unendlich kleinen Zeitspanne um einen Nebeneffekt, eine Begleiterscheinung mit beträchtlichen negativen Auswirkungen. Das verwirrt die Vernunft, weil es uns den Gedanken aufzwängt, dass die Natur das Risiko einer Kreatur auf sich genommen hätte, der sie sämtliche Mittel an die Hand gegeben hätte – zu dem einen Zweck, dass sie diese Mittel, gegen sie, die Natur selbst, anwendet, um ihr den schlimmsten Schaden anzutun. Es sei denn, die Natur oder das Göttliche wären das Opfer einer großen Naivität geworden. Vielleicht hat die Natur ganz einfach versäumt, dem Menschen – zum Guten wie zum Schlechten – einen unveräußerlichen Freiraum zu geben, damit er seinen freien Willen als Mittel seiner Erfüllung und seiner Beteiligung an der Weltordnung verherrlichen könnte. Das würde das Prinzip der Mitschöpfung und Vervollständigung des göttlichen Werkes durch den Menschen bestätigen, wie es gewisse religiöse Dogmen lehren. Wie dem auch sei, wir können zur Stunde der großen Abrechnung konstatieren, dass die Folgen der durch den Menschen begangenen Übergriffe gegen die Natur sich gleichermaßen gegen ihn selbst richten. Der Planet ist kein Theater für willkürliche Launen. Hätte der Mensch also gemäß dem gnadenlosen Grundsatz von Ursache und Wirkung freiwillig oder unbewusst seinen eigenen Ausschluss aus dem Prinzip programmiert, das ihn einst hat auftauchen lassen? Und wäre die Menschwerdung insofern ein Fehler gewesen oder noch schlimmer: eine Absurdität? Wie kann das Gewissen eines ehrenhaften Menschen diese grauenhafte Hypothese zulassen? Der vorzeitige Untergang der menschlichen Art aufgrund ihrer Übergriffe – der heute durchaus als wahrscheinlich in Betracht gezogen werden muss – würde die Humanisierung definitiv infrage stellen, die trotz allem Anschein ein ständiges Trachten des Menschen ist, seitdem er das Gute vom Bösen zu unterscheiden gelernt hat. Etwas sagt uns,

dass der Zweck des Menschen darin besteht, die Menschwerdung als Phase, die unserer Existenz eine greifbare
physische, biologische und materielle Wirklichkeit verleiht, in Richtung auf eine Vollendung zu transzendieren,
die nur dank unserer immateriellen Attribute (Intelligenz, Bewusstsein, Gefühle, freier Wille etc.) verwirklicht
werden kann. Wir haben die Wahl und wir können unser
Schicksal in die Hand nehmen, aber zweifellos haben wir
noch nicht begriffen, dass dies im engen Rahmen der von
der Natur vorgegebenen Grundbedingungen geschehen
muss. Die Vollendung des Menschen hätte demzufolge
als Ziel, durch einen im Herzen der Schöpfung verankerten
Humanismus eine nie dagewesene Dimension aufschei-
nen zu lassen, die aus allem, was die menschliche Kreativität an Erhabenem und Schönem vollbringen kann, hervorgehen würde. Diese Humanisierung könnte das Werk
einer von aller Komplexität und Schwere der Menschwerdung befreiten schöpferischen Kraft sein. Die menschliche
Art, vollständig in der Welt der elementaren Phänomene
verankert, deren Wert und Schönheit sie verstanden hat,
würde in ein Zeitalter der Leichtigkeit und des Vorrangs
des Geistes eintreten und eine »heilige« Vision der Tatsachen und der Wirklichkeit aufkommen lassen. Wird es
also, damit das geschieht, endlich möglich sein, dass die
Menschheit das umsetzt, was sie an Gutem hervorgebracht
hat, um das Schlechte zu reduzieren und abzuschaffen,
das sie mehr und entschiedener als je zuvor bedroht?

## Das Nationenpuzzle:
## Produkt der Inkohärenz

Betrachtet man einen Globus, sieht man, wie der Planet, der doch eins ist mit der Natur und untrennbar von ihr ist, dort wie ein Puzzle dargestellt wird. Die Menschen sind in Grenzen eingezwängt. Jedes Stück des Puzzles stellt das mehr oder weniger ausgedehnte Gebiet einer Nation dar. Doch während ein gewöhnliches Puzzle mit seinen Einzelteilen, einmal zusammengefügt, ein kohärentes und verstehbares Ganzes ergibt, erschafft das Puzzle der Nationen etwas Inkohärentes. Denn eine jede Nation ist auf ein sogenanntes »legitimes« Territorium beschränkt, versehen mit einer Flagge, einer Nationalhymne, etc. Paradoxerweise sollen die zufällig gesetzten und unablässig veränderten Grenzen sowie die historische Perspektive angeblich die Bürger schützen, schließen sie jedoch gleichzeitig ein. Jedes Territorium wird so zur Enklave innerhalb einer Gesamtheit. Es handelt sich hier um eine Zergliederung und Aufteilung eines einigenden Prinzips, das, wie wir gesehen haben, unseren irdischen Bereich charakterisiert. Der Nationalismus erschafft letztlich eine illusorische Sicherheit, steigert die Unsicherheit, die er doch beseitigen soll, und legitimiert die Herstellung von Waffen und somit die defensiven, offensiven und abschreckenden Aufrüstungen. Die nationalistische Fragmentierung ist, wenn auch im größeren Maßstab, nichts anderes als ursprünglicher und nie überwundener Tribalismus. Denn wie der Tribalismus beruht auch der Nationalismus auf Aufteilungen nach Glauben, Ideologien, Meinungen, Religionen, Ethnien und sozialen Kasten. Und diese Aufteilungen sind der Quell aller kleinen und großen Konflikte. Politik und Geopolitik liefern uns dafür eindeutige Belege. Die-

ser nationale Tribalismus, diese Einteilung nach Stamm-
nationen, ist gleichermaßen auf Annektierung und Auslöschen vieler Kulturen und Identitäten gegründet, was
eine Hegemonie zur Folge hat, die unablässig das Kollektiv der Menschen verkümmern lässt, zum Nachteil ihrer
Vielfalt, die ein Reichtum für alle ist.

## Wir sind für die Ordnung bzw. Unordnung verantwortlich, die wir eingeführt haben

Die Aufteilung innerhalb des Materiellen spiegelt sich in
der Aufteilung auf einer subtileren Ebene innerhalb der
menschlichen Psyche wider. Es ist nicht leicht, klar zu erkennen, dass die Suche nach Sicherheit durch Einteilung
in Stämme zugleich die Wurzel aller Unsicherheit und
daher aller Gewalt ist. Denn dies impliziert, an den Quell
aller Unsicherheit zu gehen, die in uns allen wohnt. Ohne
mich in psychoanalytischen Betrachtungen zu ergehen,
ist es doch jedenfalls auffallend, dass die Welt, so wie
die Menschen sie gewollt haben, vollständig nach den der
menschlichen Psyche entstammenden Konzepten ge-
formt worden ist. Weder die Natur noch Außerirdische
sind für die Ordnung bzw. Unordnung verantwortlich, die
wir angerichtet haben. Die Absicht des Menschen erschafft,
inkarniert und materialisiert die Dinge, vom rudimen-
tärsten bis zum höchst verfeinerten und raffinierten. Die
Erde ist überall versperrt, verunstaltet oder auch ver-
schönert durch Werke aus der Gegenwart oder Relikte
einer längst vergangenen Zeit, zuweilen verborgen unter
dem Sand der Wüsten, die die Menschen durch ihre Übergriffe oft erst hervorgerufen haben. Diese Übergriffe sind

heute schlimmer geworden und treten vergrößert und vermehrt auf unserem Planeten auf, der durch Plünderung und die Gesetze des Marktes von einer Oase zum Kasino herabgewürdigt wurde. Einige Neuerungen sind durch die bruchstückhaften Visionen derjenigen markiert, die sie ersonnen haben. Seit der primitiven Keule oder dem Degen bis zur Interkontinentalrakete ist es der Todestrieb, der gegen andere gerichtet ist, der diese archaische und barbarische Kunst leitet. Trotz all unserer Fähigkeiten und Mittel ist demnach die Ordnung, die wir auf Erden errichtet haben, eine immense Unordnung.

# Was bedeutet der Humanismus im 21. Jahrhundert?

## Den Werten dienen oder sich der Werte bedienen?

Das sind die beiden Fragen, die jeder Mensch für sich beantworten muss, um sein humanistisches Engagement einzuschätzen. Doch um welche Werte handelt es sich hierbei? Die Vorstellung und die Definition von Werten waren in der gesamten Menschheitsgeschichte Gegenstand großer Debatten und philosophischer, theologischer, metaphysischer und ideologischer Auseinandersetzungen. Sie wurden auch zum Vorwand für Neugruppierungen und Nationalismen, zur Ursache für Spaltungen, für Zwietracht und Streit. Im Namen der sich widersprechenden Werte haben die Menschen sich unaufhörlich bekriegt, tun dies noch heute und werden es noch lange Zeit tun, sofern nicht eine große Veränderung im Bewusstsein stattfindet, die endlich die vollständige Einheit des Menschengeschlechtes bewirkt.

Der Kampf des Christentums gegen Islam oder Judentum, der kommunistischen Ideologie gegen den wirtschaftlichen Liberalismus, diese Konflikte haben das bekannte Gleichgewicht des Schreckens, den Kalten Krieg, den Kampf des Orients gegen den Okzident, die Schlachten Volk gegen Volk zur Folge gehabt. Jeder der Gegner war überzeugt, im Besitz der Wahrheit und der wahren Werte zu sein, und berief sich sogar auf göttlichen Auftrag, als er seinesgleichen die übelsten Dinge antat. Zwischen direkt oder indirekt legitimierter, moralischer und unmoralischer Gewalt, zwischen wirtschaftlicher Gewalt, die das gesamte Volk aushungert, und physischer Gewalt durch immer perfektere Waffen, ist die Geschichte der Menschheit gleichsam gefangen in der Spur eines schrecklichen Schicksals. Aus diesen Tragödien entstehen Kunstwerke, gelehrte Analysen und wissenschaftliche Arbeiten, die unsere Bibliotheken füllen; und große Gedenkfeiern. Dennoch bleiben wir ohnmächtig oder gleichgültig und bereiten ihnen selbst dann kein Ende, wenn sie sich vor unseren Augen abspielen.

## Die Werte in humanistischer Perspektive betrachten, um endlich eine friedliche Welt zu schaffen

Indessen hat die Geschichte der Menschheit, wenn auch von furchtbaren Tragödien gezeichnet, gleichwohl Werte hervorgebracht, deren transzendente Natur daran zu erkennen ist, dass sie zu einer wahren Humanisierung unseres gemeinsamen Geschicks beitrugen. Sie haben Teil am Aufbau der Einheit, der Solidarität und des einvernehmlichen Zusammenlebens der Menschheit. Sie sind in der Tat die Quintessenz dessen, was das menschliche Bewusstsein an Schönem und Erhabenem geschaffen hat.

Diesen Werten zu dienen heißt, sie unversehrt umzusetzen, ohne sie unseren Trieben, unseren Interessen, unserem Willen zur Macht oder der physischen, psychischen oder moralischen Beherrschung unterzuordnen. Diese Werte sind das kostbarste Mittel, über das wir verfügen, um eine endlich befriedete Welt zu schaffen, die nur aus dem Frieden hervorgehen kann, den wir in uns selbst finden. Derartige Betrachtungen sollten nicht auf eine moralische Lektion reduziert werden; diese Absicht habe ich keineswegs. Sie bilden objektive Tatsachen, die von all denen beobachtet werden können, die das auch wollen. Eher als Wahrheiten zu verkünden, die auf tausenderlei Art interpretiert werden können – je nach Interessenlage des Einzelnen –, möchte ich dazu auffordern, dass wir uns zusammentun, um grundlegenden Werten zu dienen und sie zu fördern, wie etwa das Wohlwollen gegenüber denen, die um uns herum leben; ein maßvolles Leben, damit auch andere leben können; Mitgefühl, Solidarität, Achtung und Schutz des Lebens in all seinen Formen.

## Der Vorhölle der Angst entkommen

Die Menschen schaffen es nämlich nicht, der Vorhölle ihrer Ängste zu entkommen, die bewirken, dass sie sich unablässig aufeinander stürzen, ohne den wunderbaren Charakter ihres eigenen Entstehens wahrhaft zu begreifen. Ihre Wissenschaft lehrt sie, dass das Leben auf dem Planeten dem völlig unwahrscheinlichen Zusammentreffen bestimmender Faktoren geschuldet ist. Als Teil der Sonne brauchte genau dieser Teil der durch Feuer in Unruhe versetzten Materie eine viereinhalb Milliarden Jahre dauernde komplexe Alchimie, eine Art gewaltiger Inkubation. Während dieser Inkubation bekämpften sich die Elemente zunächst lange Zeit, ehe sie sich beruhigten und eine paradoxe Sphäre entstehen ließen, die zur Matrix des Lebens wurde. Aus diesem gewaltigen Werk entstanden nach langem Geduldsspiel als Quintessenz die lebendigen Organismen von Tier und Pflanze, die ihrerseits eine zugleich starke wie auch fragile Biosphäre bildeten, einen prachtvollen Ausbruch des Lebens. Um den Wert und die

Einzigartigkeit dieser Biosphäre zu ermessen, die man sich als eine Hülle vorstellen kann, sollte man sich einen großen Ballon denken, der in einer Plastiktüte steckt: Die Dicke dieser Plastiktüte stellt den umgestülpten Magen dar, der ohne den geringsten Abfall das produziert, was er selbst hervorbringt, verdaut und umwandelt. Aus eben diesem System sind auch wir entstanden, und wir sind unwiderruflich mit ihm verhaftet. Auch wenn wir noch weit davon entfernt sind, alles zu verstehen, wissen wir doch heute genug davon, um unser Verständnis voranzubringen und unser Verhalten nach diesem so kostbaren Werk auszurichten. Und genau hier versagen wir so offenkundig auf gefährliche Weise. Es ist hinlänglich bekannt, durch welch fragwürdige Einstellung, die aus unserer Spezies eine Art »geologisches Phänomen« innerhalb der gesamten Biologie macht, wir diesem herrlichen Werk einen Schaden zufügen, der unserer Intelligenz unwürdig ist.

## Die positiven Errungenschaften der Wissenschaft: Technologie kann zum Werkzeug einer einzigartigen, positiven Veränderung werden

Die positiven Errungenschaften von Wissenschaft und Technologie sollten nicht abgelehnt werden. Sie können jedoch nicht weiterhin dem Prinzip der Dualität und Fragmentierung dienlich gemacht werden, das die allgemeine Ansicht der heutigen Menschheit beherrscht, ohne dass dadurch effektiv am Untergang unserer Art mitgewirkt wird. Der Forderung nach Einigkeit, Zusammenleben und Großzügigkeit muss zugestimmt werden, und wir wissen sehr wohl, wie sehr eine andere Erziehung unserer Kinder dem zuträglich sein könnte. Damit kann Technologie zum besonderen Werkzeug für eine noch nie dagewesene positive Veränderung werden. Das wiederum impliziert ein kollektives Bewusstsein, frei von der Angst, die uns beispielsweise ein ganzes Arsenal an ungeheuer tragischen Waffen kostet. Die Zukunft hängt mehr denn je von der Reife einer Menschheit ab, die immer noch auf gefährliche Weise infantil ist, wie es sich in den vielen angeblich seriösen, gewichtigen menschlichen Organisationen zeigt, die eine Menge kultivierter Formeln produzieren und doch eher an einen Kindergarten denken lassen, ohne dessen Unschuld.

## Die technologischen Superwerkzeuge bedürfen des entsprechenden Bewusstseins

Ein wichtiger Bereich der menschlichen Konflikte resultiert nicht aus territorialen Fragen, sondern aus dem Festhalten an unterschiedlichen Symbolen, Glaubensinhalten, Nationalismen, Kulturen und Ideologien. Man geht sich gegenseitig eher wegen widersprüchlicher Ideen, »Wahrheiten«, Meinungen, Vorurteilen und Dogmen an die Gurgel als wegen tatsächlich greifbarer Objekte. Die Dualität gilt gleichsam als Fundament des gemeinsamen Lebens. Einige berufen sich auf den darwinistischen Grundsatz des Kampfes der Arten, wobei sie behaupten, er wäre der Quell allen Fortschritts und Schöpfer eines dynamischen Systems. Voller Erstaunen stellt man fest, dass Gegnerschaft und Wettbewerbsfähigkeit, die doch das menschliche System schwächen und ruinieren – wie jeder feststellen kann und zuweilen dabei selbst zum Opfer oder Henker wird –, der Einigkeit, der Solidarität und der Gegenseitigkeit vorgezogen werden, deren konstruktive und positive Kraft ja unendlich ist. Und diese Schwäche ist bedauernswerter denn je, da die Menschheit heute über Mittel verfügt, die der Einheit dienen könnten. Doch diese Menschheit müsste diese Einheit eindeutig wünschen. Unser Planet ist schon jetzt ein Dorf; die Reise von einem Kontinent zum anderen braucht nur wenige Stunden. Ein leistungsfähiges Telekommunikationsnetz verbindet die Menschen – noch in der Minderzahl, gewiss –, die dafür ausgerüstet sind, und erlaubt weltweiten Austausch. Eine Art Noosphäre, eine Sphäre des menschlichen Verstandes also, ein Netzwerk, die Vernetzung der Bewusstseine um den ganzen Planeten herum ist heute möglich. Diese Noosphäre wird auch gerade aufgebaut, doch nach welchen Kriterien? Wenn sie weiterhin der Wettbewerbsfähigkeit, der Dualität, dem Gesetz des Marktes, der Einsamkeit und der Schande der Menschen dienen muss, wird sie nur den Auflösungsprozess des Systems Menschheit und die finale Implosion beschleunigen. Oder dienen die Kommunikationsmittel tatsächlich der gegenseitigen Beziehung, damit man sich der Einheit und Identität des Menschengeschlechts bewusst wird? Nichts ist hier allerdings weniger gewiss. Die Superhilfsmittel bedürfen dringend eines entsprechenden Bewusstseins, damit wir den infantilen Gebrauch hinter uns lassen, den wir bislang noch davon machen.

### Neue Vorschläge für einen Paradigmenwechsel und die Bündelung unserer Talente und Mittel, zur Schaffung einer anderen Welt

Die Tatsache, dass das unbegrenzte Wachstum das Problem und nicht die Lösung ist, ist so offenkundig, dass die Menschen nun endlich anfangen, die Augen zu öffnen. Alle hier ausführlich dargelegten Vorschläge belegen definitiv die unbedingte Notwendigkeit eines grundlegenden Paradigmenwechsels, sofern unsere Geschichte weitergehen soll. Denn sich vorzustellen, dass das Gesellschaftsmodell, das die Welt gegenwärtig beherrscht und bestimmt, einfach nur ein wenig reformiert werden müsste, ist eine sehr gefährliche Illusion. Der Glaube beispielsweise, dass der begrenzte Planet ein bis zum letzten Baum oder Fisch auszubeutendes Vorratslager sei, ist nichts anderes als das Scheitern unseres Geistes. Ein neues Paradigma, eine neue Logik, die durch ökologische und menschliche Notwendigkeiten geprägt sind, müssen den Menschen und die Natur ins Zentrum unseres Anliegens stellen und all unsere Mittel und Kompetenzen in ihren Dienst.

Offensichtlich ist, dass jedes Bewusstsein, das erweckt wird und entsprechend handelt, bereits über das Schicksal triumphiert hat. Denn es hat durch den Zusammenhalt, den es in sich und in seinem Leben begründet, Teil am Zusammenhalt der Gesellschaft. Wir sind alle dazu aufgefordert, nicht der Welt zu entsagen, sondern unsere Talente und unsere Mittel einzubringen, um diese Welt zu verändern. Als mögliche Erschaffer des Humanismus können wir:

_____ die Kinder zu Solidarität, zu Achtung vor dem Leben und zu Dankbarkeit erziehen, zu Mäßigung und zur Schönheit, die sich reichlich zu unserer Bewunderung darbietet. Man sieht ganze Generationen von Kindern heranwachsen, die mangels eines Bewusstseins für das Leben darauf beschränkt werden, nur unersättliche, abgestumpfte und traurige Konsumenten zu sein. Die Erziehung scheint die fantastischen Veränderungen der Welt und die Notwendigkeit nicht zu bedenken, zukünftige Generationen auf die großen Herausforderungen der Gegenwart vorzubereiten. Ein grundlegender Wandel würde unter anderem bedingen, dass der Geist des Wettbewerbs zugunsten eines Miteinanders und Nacheiferns, zugunsten einer Wiederannäherung an die Natur aufgegeben würde, um sie besser zu verstehen und zu achten und die Arbeit sowie die Intelligenz der Hände zu rehabilitieren.

——— an der Gleichstellung der Geschlechter arbeiten. Die weltweite Unterordnung der Frau unter den Mann ist entsetzlich und weicht zugleich auf schädliche Weise von einer positiven Entwicklung der Geschichte ab. Man sollte z. B. auf den Begriff des »Gegensatzes« der Geschlechter zugunsten der »Ergänzung« verzichten, was tatsächlich ja die Realität abbildet und eine Denkweise befördert, die mehr dem Augenschein entspricht. Das Weibliche steht im Zentrum der Veränderung.

——— das Leben in all seinen Formen achten, insbesondere alle Geschöpfe, denn ihr Schicksal und das unsere sind nicht voneinander zu trennen, insofern alle Kreaturen während der gesamten Geschichte so wertvoll waren und wir als Menschen ihnen so viel verdanken. Vor allem der Tierwelt werden ja Unterdrückung und Gewalt angetan, die moralisch verwerflich sind.

——— die Erde achten und sich um sie kümmern, denn ihr verdanken wir ja unser Leben und unser Überleben; auch alle gemeinsamen und notwendigen Güter gehören dazu: das Wasser, die wilde und domestizierte Biodiversität, die nützlichen Kenntnisse und Fertigkeiten, die zur Durchführung von all dem hilfreich sind. Wenn wir die Füße wieder auf die Erde bekommen und uns wieder mit der Natur verbinden, können wir den Sinn für dieses so notwendige Band und das Gefühl in uns wiedergewinnen.

―― die Energie und die Mittel, die dem Morden und der Zerstörung gewidmet sind, zur Beseitigung der großen Nöte der Menschheit einsetzen, etwa dem Hunger, den Krankheiten, und zur Wiederherstellung der so schrecklich in Mitleidenschaft gezogenen Biosphäre.

―― Mäßigung und Nüchternheit als Lebenskunst erkennen, die im Einklang mit sich selbst, mit anderen und mit der Natur steht. Es handelt sich hierbei um eine reflektierte Infragestellung des »Fortschritts«, um einen bewussten Akt der Befreiung vom Irrglauben der Mangel sei Urheber von Angst, Gewalt und unerträglichen Ungerechtigkeiten.

―― der Wirtschaft wieder den Adelsbrief und die Macht verleihen, die legitimen Bedürfnisse einer immer größeren Zahl von Menschen zu regulieren. Auf die Pseudoökonomie verzichten, die auf Unersättlichkeit und Habgier der Menschen gegründet ist, was unseren Planeten zerstört und Mangel, Ungerechtigkeit sowie Gewalt bewirkt und dem Überfluss dient, insofern sie nicht auf die wahren Bedürfnisse eingeht. Würden die Regeln der Wirtschaft angewendet, müsste kein Mensch der lebensnotwendigen Güter ermangeln und die Ressourcen könnten nicht mehr von einer Minderheit zum Nachteil der großen Mehrheit in Beschlag genommen werden.

Warum also nicht von einer internationalen Baustelle träumen, die der Restauration unseres wundervollen Planeten gewidmet ist? Die Macht dazu liegt in unseren Händen.

## Grundlage der Verwandlung der Welt
## ist die persönliche Verwandlung

Der Paradigmenwechsel wird allerdings ohne ein individuelles Verhalten, das auf Mäßigung und Selbstbeschränkung basiert und bei dem die Werte des Seins die des Habens überwiegen, keine Erfolgschance haben. Freilich, diese Utopie der freiwilligen und erfreulichen Mäßigung ist eine große und gleichermaßen ethische, politische, ökologische und strategische Herausforderung. Sie ist ethisch, weil sie zu einer gleichmäßigeren Verteilung der legitimen Güter beiträgt. Sie ist politisch, weil sie eine gesellschaftliche Organisation begründet, die auf Arbeit und menschlicher Kreativität im Dienste der Notwendigkeit gegründet ist und nicht darauf, kapitalisierbare Güter willkürlich anzuhäufen. Sie ist ökologisch, weil sie zur Ersparnis der natürlichen Ressourcen beiträgt, indem sie deren Ausbeutung reduziert. Sie ist strategisch, weil sie das »Immer mehr« aussetzt, auf dem Wirtschafts- und Handelsdiktaturen beruhen.

Diese Vorschläge sind weder moralische Grundsätze noch ein neuer Dekalog zum ökohumanistischen Gebrauch; es sind vielmehr Vorschläge, die durch die offensichtliche gegenwärtige Situation angeregt wurden und vom Verlangen nach einer Welt inspiriert sind, die Verstand und Herz mehr befriedigt. Denn die Logik, die heute die Welt beherrscht, ist mit dem Leben vollständig unvereinbar, und wir müssen sie aufgeben. Sie kann nicht unendlich ausgebaut und ausgedehnt werden, auch wenn sich die internationalen Regierungsgeschäfte, die mit unser aller Schicksal betraut sind, darauf versteifen. Sich ändern oder untergehen: so lauten die Alternativen des uns gestellten unwiderruflichen Ultimatums. Nur wenn wir dies verstehen und entsprechend handeln, werden wir schließlich unter Beweis stellen können, dass Intelligenz, die auf Hellsichtigkeit beruht, unseren Fähigkeiten eine konstruktive Ordnung verleihen kann. Eine Art Intuition verschafft uns eine Ahnung vom Leben in der Realität, in der wir von einem Prinzip beseelt sind, das durch nichts beeinflusst oder entstellt werden kann. Dies wird uns vor allem durch die unendliche Schönheit der Natur verdeutlicht. Doch in der Raserei der Welt begreifen wir es nur noch in viel zu selten gewordenen Augenblicken, wenn die Stille all unsere Plagen vertreibt. Erst dann können wir vollständig die Majestät des Lebens, unser aller Leben, erfassen. Und nur diese Augenblicke verdienen unsere Dankbarkeit und unsere klare Hingabe.

## Steht ein universeller Humanismus endlich auf der Tagesordnung der Menschheitsgeschichte?

Diese Frage ist für uns alle legitim, denn sie betrifft den Zweck und den Daseinsgrund dessen, was Teilhard de Chardin das »menschliche Phänomen« genannt hat. Ist dieses Phänomen im Zusammenhang mit der allgemeinen Evolution das Resultat einer Verbindung unter anderem von Atomen und Chromosomen und somit nur einer gleichsam gegenstandslosen Zufälligkeit geschuldet? Oder ist es die Krönung eines großen Werks, entstanden aus einem höchsten Bewusstsein mit einem Zweck, der durch einen Plan festgelegt ist? In diesem Fall würde es sich um die Initiative eines Prinzips handeln, das aus dem Menschen etwas Großes, nämlich den Daseinsgrund für die

Schöpfung gemacht hätte. Auf beide Hypothesen kann man unterschiedliche Antworten geben, die einander widersprechen und sogar in Konflikt geraten. Man kann nur feststellen, dass das Fehlen einer absoluten Sicherheit und die Unermesslichkeit des Mysteriums uns allen das Gefühl geben, Passagiere in einem Schicksalszug zu sein, von dem wir weder Herkunft noch Ziel kennen. Während der Zug fährt, dreht sich das Karussell von Geburt und Verschwendung im Rhythmus und Takt der Tage, Jahre und Jahrhunderte. Das verleiht unserer momentanen Anwesenheit auf der Welt – ganz gleich, ob man reich oder arm, Kaiser, König, Präsident oder schlicht ein Bürger auf dem Planeten ist – eine einzigartige Zufälligkeit. Wir vergehen, das Leben bleibt und setzt sich fort. Wenn man die kreationistische Sichtweise nicht teilt, die von der Mehrheit der Wissenschaftsgemeinschaft als absonderlich und unbegründet angesehen wird, so muss man davon ausgehen, dass die menschliche Rasse im Prozess des Lebens auf der Erde erst sehr spät auftaucht; sie ist Ergebnis und Teil dieses Prozesses. Dieses Ereignis findet zudem in den letzten zwei oder drei Minuten statt, sofern man vierundzwanzig Stunden als Referenzwert annimmt, als Zeitmaß für diese lange andauernde Evolution. Muss man noch einmal daran erinnern, dass es vier Milliarden Jahre brauchte, damit lebendige Organismen, pflanzliche wie tierische, aus einer gewaltigen mineralischen Masse entstehen konnten? Wir haben dem den Namen Biosphäre gegeben, und sie hat nach etlichen und gewichtigen Neuerungen das Auftauchen eines perfekten Säugetieres ermöglicht, aufrecht stehend, mit Verständnis, Bewusstsein, manuellem Geschick und freiem Willen begabt.

## Ökologie und Humanismus

Inmitten der großen Qualen und schlimmsten Gewalttaten, die die Menschheit anzutun und durchzuführen imstande ist, ist dennoch etwas vom Humanismus vorhanden. Der Samen des Friedens, des Verständnisses, des Mitleids, des Altruismus, der Gerechtigkeit und der Liebe ist ein Bestandteil der Menschen; nur allzu oft vom Ausmaß der Tragödien verdeckt, die sie zugleich bewirken. Man kann sich aber fragen, warum die permanenten Rückblicke auf die Schrecken der Vergangenheit, die zu denen hinzukommen, die sich täglich vor unseren Augen abspielen, bislang keine klaren Entschlüsse nach sich ziehen, diesem Zustand definitiv ein Ende zu setzen. Diese Dramen schreiben sich ins Gedächtnis ein und in Zauberbücher und sind Gegenstand lebhafter Diskurse; gelehrte Studien und Analysen der Historiker füllen unsere Bibliotheken. Kunstwerke, Filme, mitreißende Reden, Heldenepen und gelehrte Kontroversen entstehen, die patriotischen Gesängen den Boden bereiten, dazu Hass und Rachegelüste bewirken, immer mörderischere Innovationen für neue Gemetzel, sobald der Waffenstillstand unterschrieben und vom bekannten »Nie mehr dergleichen« begleitet wird, gefolgt von gefühlsseligen Gedächtnisfeiern am Ende. Stelen und Monumente werden zum Gedenken an Helden und Opfer errichtet, doch die Abschaffung des Schreckens, die von einer wahren Intelligenz ja nahegelegt würde, bleibt immer noch aus. Die gesamte Menschheitsgeschichte ist gekennzeichnet von Hohn und Ohnmacht. Noch nie hat die Menschheit so viel technologisches Talent und finanzielle Mittel in den Dienst des Todestriebes gestellt wie heute, was durch unser weltweites Militärarsenal bezeugt wird. Liebe, Demokratie, Menschenrechte, Freiheit und Eintracht vermischen sich mit dem unaufhörlichen »Stahlgewitter«, womit die ganze Heuchelei eines mehrdeutigen Schicksals bezeichnet ist. Angesichts des Befundes der Ohnmacht der Menschheit, den Weg der vielfältigen Gewalt (nationalistisch, militärisch, wirtschaftlich, ideologisch, religiös) zu verlassen, hat das elementarste Verständnis keinen anderen Ausweg, als an unheilvolle und satanische Wesen zu glauben, die das »Böse« fördern, indem sie den Menschen manipulieren, auf den sie großen Einfluss hätten. Auf diese Weise wird die Menschheit mit dem Dilemma konfrontiert, das Böse zu erkennen und zurückzuweisen, ohne sich indes davon befreien zu können. Nach dieser Hypothese, die sogar metaphysisch werden kann, wäre die Menschheit Opfer eines Schicksals, einer Verzauberung oder einer Hexerei, aus der sie nur eine große Schutzmacht befreien kann. Wie also soll man dieser Hypothese zustimmen, die schnell zum Alibi werden kann, um die Menschheit von einer Verantwortung für ihren eigenen Zustand zu befreien?

## Wir befreien uns durch Bewunderung und Dankbarkeit von unaufhörlichen Martern

Noch einmal – und wie ohnmächtig auch unsere Spekulationen sein mögen: All diese Fragen führen uns ins Gebiet des Nichtwissens. Mit diesen Hypothesen habe ich nichts anderes vorzubringen, als dass die Intuition der Menschen, für die die Schöpfung und die Geschöpfe heilig sind, mich betroffen macht. Jeder kann sich angesichts der Pracht, die der Planet uns bietet, zum einfältigen Narren erklären: Wie schön er doch ist! Wie schön er doch ist! Und so sind wir durch Bewunderung und Dankbarkeit von unaufhörlichen Martern befreit, haben endlich unsere Bestimmung gefunden, weil wir uns endlich lieben und für uns selbst Sorge tragen, für unsere Mitmenschen, für alle weiteren Geschöpfe auf unserem Mutterplaneten, der uns nicht gehört, dem vielmehr wir gehören. Ohne jeden Zweifel wird er bleiben, und wir werden verschwinden.

## Kann Schönheit die Welt retten?

Nach meinem Standpunkt lautet die Antwort auf diese Frage »Ja«, doch sie bedarf einer Klärung, die alles andere als einfach ist; das ist mir bewusst. Ich werde also versuchen, Zeugnis abzulegen angesichts der Komplexität einer Gesellschaft, deren Zukunft von Utopien abhängt, zu denen wir den Mut haben sollten.

Manche meinen, Schönheit könne die Welt retten; doch müssen wir uns darüber verständigen, was Schönheit ist und um welche Welt es sich handelt. Vor dem Aufkommen unserer Spezies gab es bereits alles, was wir heute an der Natur bewundern: ein Himmelsgewölbe, das tagsüber von der Sonne beherrscht ist, die am Tag ihre Lichtstrahlen und ihre Wärme über die Erde ergießt, und das in der Nacht übersät ist von weit entfernten Sternbildern, die wie versteinert in unendlicher Ruhe verharren; dazu ein Mond mit seinen Phasen auf seiner unabänderlichen Umlaufbahn; zudem die Wälder, Flüsse, Meere, Gebirge und alle Geschöpfe, die darin leben; den Zauber der Farben, der Düfte und des Vogelsangs gab es bereits lange, ehe wir existierten. Das Gleiche gilt für das Wüten der Elemente, für die Unwetter, Blitze und Wirbelstürme, die Vulkanausbrüche, das Rasen der Gewässer, die Erdbeben, doch auch für die tiefe Ruhe, den tiefen Frieden, die Leichtigkeit der Brise ... Wir können also sagen, dass die Schönheit den Menschen gar nicht beachtet. Seine Existenz oder Nichtexistenz ist gleichsam irgendwie zufällig. Die Schönheit gab es durch sich selbst und um ihrer selbst willen; gleichermaßen würde das Auslöschen der menschlichen Rasse nichts an dieser Realität des Planeten ändern, und der Planet Erde würde seine Evolution fortsetzen, befreit von einem recht »turbulenten« Zweifüßler. Gesteht man sich diesen Sachverhalt ein, hat man die Dinge schon ein wenig zurechtgerückt. Es ist eine wunderbare Quelle der Demut für den selbsternannten Herrn der Schöpfung. Wie ist es also letztlich um das »menschliche Phänomen« in diesem Zusammenhang bestellt?

Anthropologie und Archäologie haben gezeigt, dass der Mensch seit seinem Erwachen sich für die Realität empfänglich gezeigt hat, zu der er ja selbst gehört. Empfänglich für die Natur; nicht nur für das, was sie ihm für sein biologisches Überleben als Jäger und Sammler darbot, sondern auch für das, was sie über Mythen und Symbole in seiner Psyche und emotionalen Intimität bewirkte. Die Felszeichnungen belegen beispielsweise die Fertigkeiten der ersten Menschen, die in ihrem Umfeld lebenden Geschöpfe sehr genau zu beobachten. Er hatte sie sogar vergöttlicht, um sich vermutlich des Schreckens zu entledigen, den sie ihm einjagten, was auch für viele andere Phänomene galt, die ihm in vielerlei Hinsicht unerklärlich waren. All dies war Teil des großen Mysteriums des Lebens, das ihn in aller Schöpfung die Seele eines Schöpfers ahnen ließ.

Während langer historischer Zeiträume wurde der Ausdruck der Schönheit bei diesen frühen Menschen, die Animisten waren, vielfach durch die üppige Natur inspiriert. Indem sie etwa Szenen darstellten, die ihr eigenes Leben illustrieren, ermöglichten unsere Urahnen uns durch den Zauber dieser Kunst die Teilhabe an ihren Eindrücken und tiefen Empfindungen. Der Mensch bewirkt dieses Wunder eines nachwirkenden Phänomens, das Gefühle in gleichsam kodierter Form aufbewahrt und durch Zeit und Raum von Generation zu Generation überliefert. Das Gleiche gilt für sämtliche ästhetischen Schöpfungen, die unsere Geschichte kennzeichnen. Das wiederum bezeugt die Schönheit, die unbestreitbar zur Identität des menschlichen Geschlechts gehört. Der Ausdruck der Schönheit als nachweisliches Bedürfnis unserer Art beruht indessen nicht auf Einvernehmlichkeit. Die Urteile über Schönheit divergieren je nach Einfluss der Werte, auf denen sich die unterschiedlichen Kulturen gründen. So kann das, was für die einen schön ist, für andere hässlich sein. Der Begriff der Schönheit ist von der Subjektivität der Menschen geprägt und daher Ursache von Gegnerschaft, um nicht zu sagen: von Konflikten. Der Maler, der den menschlichen Körper in seiner Nacktheit preist, kann damit die einen erfreuen, die anderen schockieren. Ähnlich kann eine herrliche Sonate von Mozart ein unverständlicher Lärm für die sein, die nicht durch ihre Kultur darauf vorbereitet wurden, sie zu genießen.

Wie also soll man es erreichen, dass die universelle Schönheit der Natur die tiefe Einheit in der Vielfalt bewirkt, die Bedürfnisse des zerbrechlichen und vergänglichen Menschen befriedigt und das Erhabene in unserer greifbaren und ungreifbaren Erfahrung zur Geltung bringt, um es vor dem Vergessen zu bewahren, indem sie es verewigt? Die Kunst, die eigentlich im Dienst des Schönen steht, kann gleichermaßen das Hässliche ästhetisieren und, je nach Deutung des Künstlers, die von ihr getragene Botschaft für uns verständlich machen. Es gibt ebenfalls das Paradox, dass ein Mensch, der sein Leben dem Ausdruck des Schönen weiht, in seinem eigenen Leben nicht frei von Hässlichem ist. Welche Beziehung kann das Schöne zu einer Kunst unterhalten, die den hässlichsten Trieben unterworfen ist, wie es etwa Hymnen auf die Gewalt des Krieges bezeugen? Sie sind im ästhetischen Sinne gut gemacht, um die Massen zu elektrisieren, den Hass zu schüren, was auch für die Heldenerzählungen gilt, die von blutigen Taten berichten. Diese besondere Schönheit ist sicher nicht diejenige, die die Welt retten kann.

Alle genannten Ambiguitäten – weit davon entfernt, den Begriff der Schönheit zu erhellen – verwirren ihn noch mehr. Der Mensch hat während seiner gesamten Geschichte Schönes und gleichzeitig immer auch unerhört Hässliches produziert: Musik, Malerei, Gedichte, Denkmäler, schöne Architektur, schöne Gärten, schöne Kleidung. Er hat seinen Weg mit außerordentlichen Werken markiert, allerdings durch Übergriffe auf sein Umfeld und die Natur, deren Schönheit er gleichzeitig beteuert. Zuweilen stellt man sich die Menschen vor, die sich an Musik und an allem, was die Kunst ihnen zur Bewunderung bieten kann, erfreuen; gleichzeitig tun diese Menschen anderen Männern, Frauen und Kindern das Schlimmste an, wodurch Kriege oder andere tragische Umstände aus ihren hässlichsten Instinkten emporkommen. Kunst als Ausdruck des Schönen hat vielleicht die Sitten gemildert oder besänftigt, hat aber die Welt gleichwohl nicht gerettet. Die tragischsten Episoden, in denen der Mensch durch Entsetzlichkeiten, die nur ihm allein zuzuschreiben sind, den Gipfel des Hässlichen erreichte, inspirierten gleichwohl die Kunst des Kinos, der Literatur, der Malerei.

Doch mitten im Schrecken, im Entsetzlichen bezeugen manche Menschen unter Lebensgefahr die Macht der Schönheit des Mitleids. Heute mehr denn je muss festgehalten werden, dass der Mensch das Hässliche in der Welt auf tausenderlei Art verbreitet hat. Er hat es universell gemacht, und während man sich beglückwünscht und mit künstlerischen Kreationen belohnt, werden jeden Tag Wälder, Meere und unzählige Geschöpfe zerstört und vernichtet. Jeden Tag sterben Kinder aus Gleichgültigkeit, weil sie weder Essen noch Pflege erhalten. Jeden Tag stürzt der Wirtschaftskrieg Massen von Menschen in Armut. Jeden Tag werden zerstörerische Waffen konstruiert und gebaut und in aller Welt eingesetzt. Und all diese Hässlichkeiten werden heute verharmlost. Unser Lebensbereich, dessen Herrlichkeit für jeden greifbar ist, der aufmerksam bleibt, wird in jedem Augenblick durch Hässlichkeit beleidigt.

Einige unter uns fühlen sich durch die Traumata verletzt, die dieser Wirklichkeit angetan werden, der wir doch angehören und die mit geheimnisvoller schöpferischer Kraft aus jedem von uns ein Meisterwerk gemacht hat, ohne dass wir uns dessen wahrhaft bewusst würden. Jenseits aller Schwarz-Weiß-Malerei und primärer moralischer Betrachtungen wohnen das zerstörerische Hässliche und das konstruktive Schöne in uns allen. Das Beste und das Schlimmste sind offenkundig geprägt durch unser Dasein in der Welt, so wie wir sie errichtet haben, und diese Welt kann gerettet werden, weil das Schönste in uns steckt: Mitleid, Teilung, Mäßigung, Gleichheit, Großzügigkeit, Achtung vor dem Leben in all seinen Formen.

Allein diese Schönheit kann unsere Welt retten. Denn sie speist sich aus dem geheimnisvollen Fluidum einer konstruktiven Macht, der nichts gleichkommt und die sich Liebe nennt.

## Dank

Dieses *Manifest* ist eine Art Synthese, in der ich auf den Punkt bringe, was zu sagen mir nach fünfundvierzig Jahren des Denkens und Handelns wesentlich erscheint.

Daran mitgewirkt haben Agnès Florence, Claire Eggermont, Cyril Dion, Jean-Paul Capitani und Michèle Rabhi. Es ist sehr wahrscheinlich, dass mir die Aufgabe ohne diese ihre Mitwirkung sehr schwer gefallen wäre. Vielleicht wäre es mir allein sogar unmöglich gewesen, sie zu bewältigen.

Alle seien meines herzlichen Danks versichert.

**Pierre Rabhi**

Erste Auflage Berlin 2018

Copyright © der deutschen Ausgabe
2018 MSB Matthes & Seitz Berlin Verlagsgesellschaft mbH
Göhrener Str. 7 | 10437 Berlin
info@matthes-seitz-berlin.de
Copyright © der französischen Originalausgabe 2008,
Manifeste pour la terre et l'humanisme, Actes Sud
Alle Rechte vorbehalten
Satz: Michael Rosenlehner
Druck und Bindung: Friedrich Pustet, Regensburg
Umschlaggestaltung: Dirk Lebahn, Berlin

ISBN 978-3-95757-394-0
www.matthes-seitz-berlin.de